# FOTOGRAFARE CON I
# DRONI

## L’arte di scattare in volo

COLIN SMITH

APOGEO

**Fotografare con i droni**

*L'arte di scattare in volo*

**Colin Smith**


Socio Unico Giangiacomo Feltrinelli Editore srl
Viale Pasubio, 5 - 20154 Milano
Centralino: 02/3596681
libri@apogeonline.com
http://www.apogeonline.com

ISBN: 978-88-503-3444-5

Traduzione: Luca Cortese
Redazione e impaginazione: Giulia Maselli



Finito di stampare nel mese di marzo 2018
presso Grafiche Busti S.r.l. - Colagnola ai Colli (VR)

# INDICE

CAPITOLO 6

## FLUSSO DI LAVORO BASE IN LIGHTROOM O ACR 115



CAPITOLO 7

## FOTO EDITING AVANZATO 159

CAPITOLO 8
## EDITING DELLE VIDEORIPRESE 211



## INDICE ANALITICO 255

CAPITOLO 1

# SICUREZZA E NORMATIVE

**LE REGOLE DI SICUREZZA NON SONO CERTO ATTRAENTI,** ma non lo è neppure essere tagliato a fette da un'elica. La sicurezza è uno di quei temi di cui nessuno desidera parlare, se non dopo un incidente. Sarò breve e conciso, e vi sottoporrò a un corso intensivo su sicurezza e normative. La sicurezza dipende dal buon senso, ma sono certo che troverete alcune cose a cui non avevate pensato. La sicurezza inoltre procede di pari passo con la maggior parte delle normative correnti. Non entrerò nei dettagli normativi, poiché non tutti i lettori di questo testo risiedono negli Stati Uniti. Dovrete informarvi sulla normativa aggiornata relativa al vostro paese di residenza. Parlo di normativa "aggiornata" perché le regole cambiano continuamente in quanto le autorità locali devono stare al passo con la tecnologia.

**WAIKIKI BEACH, OAHU, HAWAII - LUGLIO 2015**
**DJI PHANTOM 3 PROFESSIONAL**

Panorama aereo ripreso a bassa quota, a una distanza di circa 350 metri. Gli edifici si stagliano contro il cielo.

# SICUREZZA

**LA VOSTRA TELECAMERA VOLANTE NON È UN GIOCATTOLO.** Le eliche e gli oggetti che cadono possono ferire le persone. In funzione del velivolo che possedete, se non applicate le regole di sicurezza di base e il buon senso potreste ferire o perfino uccidere qualcuno.

## Sicurezza preliminare al volo

La prima cosa da fare è creare una lista di controlli di sicurezza pre-volo simile alla seguente.

- Le batterie del controller, del velivolo e del dispositivo FPV (*First Person View*) sono completamente cariche?
- Avete ispezionato le eliche per eventuali danni e verificato che siano ben salde?
- Sul velivolo ci sono crepe o parti allentate che potrebbero cadere durante il volo?
- L'area di decollo è libera e sgombra da ostacoli come alberi o linee elettriche? Se c'è un sistema di rientro di sicurezza, c'è sufficiente spazio aperto per un atterraggio automatico?
- L'area di decollo e atterraggio è libera da persone o animali? Sebbene avere un pubblico possa essere divertente, se ci sono troppe persone interessate, bambini o cani non sorvegliati potrebbe essere una buona idea trovare un altro posto per volare.
- Ci sono vento o pioggia eccessivi per volare in sicurezza?
- Siete vicini a un aeroporto? (Vedi il paragrafo "Normative".)
- Siete vicini a grandi strutture metalliche? Queste strutture sono note per generare interferenze alla bussola, causando irregolarità nel volo.
- Avete calibrato la bussola?

Quando avviate il velivolo, accendete sempre il controller prima del velivolo e spegnete sempre il velivolo prima del controller. È importante non avere mai il velivolo acceso a meno che non sia acceso il controller. Se il velivolo dovesse agganciare un segnale pirata e il controller non fosse acceso, non avreste modo di riprenderne il controllo.

Assicuratevi di utilizzare il firmware più aggiornato (approfondiremo l'argomento nel prossimo capitolo). Ogni volta che si procede a un aggiornamento del firmware, le eliche devono essere spente. Questo è l'unico caso in cui accenderete il velivolo lasciando spento il controller.

## Sicurezza durante il volo

Se decollate in presenza di raffiche di vento, rimanete sempre sopravento. In questo modo, se il veicolo precipita lo farà lontano da voi e non nella vostra direzione. Ho sentito persone dire che per salire di quota si dovrebbe volare controvento. Può essere vero per i velivoli ad ala fissa (è il motivo per cui le navi portaerei si posizionano controvento per favorire i decolli), ma un drone multielica è privo di aerodinamica e VTOL (*vertical takeoff and landing*, decollo e atterraggio verticale), quindi volare controvento non offre alcun vantaggio. A meno che non si colpisca un ostacolo, schianti e ribaltamenti sono più probabili nelle fasi di decollo e atterraggio. Una volta in volo, perdere il controllo e precipitare è estremamente improbabile.

Cos'è un ribaltamento? Subito prima del decollo del velivolo, o durante l'atterraggio, le eliche girano velocemente mentre la base è molto leggera. A volte il velivolo può ribaltarsi e rotolare sul terreno. Se siete in piedi sopravento, un ribaltamento non è una vera minaccia per la sicurezza ma piuttosto una seccatura, dato che le eliche possono limarsi o incrinarsi. Non lo definirei una caduta, dato che i ribaltamenti sono frequenti anche per i piloti più esperti.

Quando siete in volo a bassa quota ma in una zona libera da ostacoli e dalle teste delle persone, verificate rapidamente tutti i controlli per assicurarvi che rispondano correttamente. Salite e scendete leggermente di quota, avanzate e retrocedete, ruotate verso destra e verso sinistra, imbardate a destra e a sinistra. Eseguite piccoli movimenti solo per verificare che sia tutto a posto.

Fate sempre attenzione all'ambiente circostante. Prima del decollo prendete nota dei potenziali pericoli e degli ostacoli, tenete gli occhi aperti e siate consapevoli di ciò che accade intorno a voi. Se sentite il rumore di un aeromobile con equipaggio provate a capire quale sia la sua posizione. Se non riuscite a localizzarlo, scendete immediatamente a bassa quota o fate atterrare il drone.

Se vedete un qualsiasi veicolo di soccorso o un elicottero, atterrate immediatamente e non volate finché non saprete che non state interferendo con le operazioni di soccorso. Resistete all'impulso di "dare una mano": i soccorritori non hanno bisogno del vostro aiuto. È meglio togliersi di mezzo e lasciare che i professionisti addestrati facciano il loro lavoro.

Esistono semplici regole di buon senso come "non infilate le dita tra le eliche in movimento". Anche se è improbabile che droni come il Phantom e il Solo recidano un arto, possono comunque causare profonde e dolorose ferite ed emorragie. Le eliche in fibra di carbonio sono un problema completamente diverso. Anche se alcuni piloti sostengono che il volo sia più morbido, sostanzialmente hanno sostituito le loro eliche in plastica con dei coltelli rotanti.

I velivoli più grandi, come l'Inspire, possono causare danni molto più gravi con le loro eliche. Come potete verificare online, il cantante pop Enrique Iglesias, durante uno dei suoi concerti, ha afferrato un Inspire 1. Cosa gli è venuto in mente di fare?

## Protezioni salvaelica

Un'altra opzione che si può usare per aumentare la sicurezza sono i salvaelica. I salvaelica sono economici e forniscono una protezione in materiale plastico intorno alla zona dell'elica. Di solito c'è un filo teso tra i salvaelica per creare una protezione lungo l'intero perimetro. Se volate in interni, le protezioni di sicurezza non sono un problema. Invece di scontrarvi con gli ostacoli, rimbalzerete contro alcuni di essi. Ma ho visto diversi quadricotteri sbattere contro un muro e danneggiarlo.

In esterni, le protezioni possono essere molto utili. Può capitare di rimbalzare contro un albero o essere colpiti leggermente da un ramo senza precipitare. Senza le protezioni salvaelica, se le eliche colpiscono un ostacolo potrebbero fermarsi. Se le eliche si fermano, il velivolo precipiterà dal cielo. Il Yuneec Tiphoon e il DJI Matrice sono entrambi esacotteri (sei eliche) e se un motore si ferma riescono ancora a volare.

1.1 Protezioni salvaelica su un Phantom originale.

Se siete dei principianti fareste bene a usare le protezioni salvaelica (pensate a loro come se fossero le rotelle per la bicicletta). Possono prevenire incidenti e farvi stare più tranquilli. Alcuni professionisti usano le protezioni salvaelica per avere un livello di sicurezza supplementare. Il rovescio della medaglia è che le protezioni possono apparire nelle immagini, quindi dovrete volare più lentamente o puntare la telecamera un po' più verso il basso del solito.

## Attacchi da parte dei gabbiani

I gabbiani possono essere uccelli molto aggressivi e territoriali, specialmente nel periodo della nidificazione. Potrete sentirli stridere e gettarsi in picchiata vicino al vostro drone. Di solito non entrano in contatto con il velivolo, ma comunque è meglio convincerli a lasciarvi in pace. Ho scoperto che se si vola via orizzontalmente i gabbiani ti seguono per una discreta distanza. Un buon modo per scrollarseli di dosso è invece salire di quota. Questi uccelli sembrano apprezzare le quote più basse, vicino ai loro nidi, e salendo più in alto vi lasceranno tranquilli in tempi brevi.

## Altri principi di sicurezza

Alcune di queste sono regole, altre sono proposte di regole, e altre ancora sono questioni di buon senso.

- Non volate di notte: al momento della scrittura di questo libro è possibile farlo negli Stati Uniti per scopi non commerciali (il Part 107 propone di proibirlo). In alcune nazioni è vietato.
- Non volate nei parchi nazionali negli Stati Uniti.
- Non volate a Washington D.C.

Vi trovate in uno spazio aereo soggetto a restrizioni o in una zona temporaneamente interdetta al volo? App come Hover o come B4Ufly della FAA (*Federal Aviation Administration*) vi possono indicare dove vi è permesso volare.

# NORMATIVE

**NON SONO UN AVVOCATO E NESSUNO DI QUELLI CHE SEGUONO È UN PARERE LEGALE.** Le norme e i regolamenti sono in continua evoluzione, e per questo motivo alcune delle informazioni seguenti potrebbero essere cambiate dal momento della stesura di questo libro. Ricordate inoltre che le regole cambiano nelle diverse nazioni. Vi suggerisco di documentarvi sulle specifiche normative locali.

Il miglior punto di partenza è il sito web dell'autorità locale che regola l'aviazione civile (Stati Uniti = FAA, Canada = TC, Nuova Zelanda = CAA, Australia = CAS, Italia = ENAC, e così via). Alcune nazioni applicano restrizioni più severe di altre. Alcune regole sono uguali nella maggior parte dei paesi. Elencherò di seguito le regole base per gli Stati Uniti, di cui la maggior parte è applicata in tutto il mondo, con alcune varianti. Queste regole sono valide per coloro che impiegano velivoli con un peso inferiore a 25 kg.

- Non volate a quote superiori a 120 metri.
- Mantenete sempre il contatto visivo con il velivolo. Dovete essere in grado di vedere sempre il velivolo a occhio nudo, non con il binocolo o il dispositivo FPV.
- Rimanete a distanza da tutte le operazioni di volo con equipaggio, che hanno diritto di precedenza. È vostra responsabilità lasciare il campo libero. Spesso voi potrete vedere loro ma loro non vedranno voi.
- Non sorvolate stadi o assembramenti di persone.
- Se pianificate di volare nel raggio di 5 miglia da un aeroporto, comunicate prima con la torre di controllo.

- Non volate sotto l'influsso di alcol o droghe (anche se, tecnicamente, al momento questa si configura come una "linea guida" di sicurezza). In ogni caso, da un pilota in stato di alterazione non ci si può aspettare nulla di buono.
- Non effettuate voli pericolosi o imprudenti.

## Registrazione

Alcuni paesi richiedono la registrazione governativa del vostro UAS/UAV/drone. Negli Stati Uniti devono essere registrati prima dell'utilizzo tutti i velivoli con un peso compreso tra 250 grammi e 25 kg. Il sito ufficiale per effettuare la registrazione è www.registermyuas.faa.gov. La registrazione si effettua rapidamente e senza difficoltà. Dovrete fornire alcune informazioni personali e pagare una tassa di 5$. La registrazione deve essere rinnovata ogni tre anni. Diffidate di chi vi chiede denaro per effettuare la registrazione e di altri siti.

Immediatamente dopo la registrazione, insieme al certificato riceverete un numero F, che dovrete applicare a tutti i vostri velivoli. Le regole prescrivono che il numero debba essere accessibile senza l'uso di strumenti. Io applico il mio numero all'interno del vano batterie: in questo modo, soddisfo tutte le prescrizioni ma evito che persone sconosciute possano visualizzarlo. Che cosa impedirebbe loro di utilizzare il mio numero su un altro velivolo? Per questo motivo tengo il mio numero riservato.

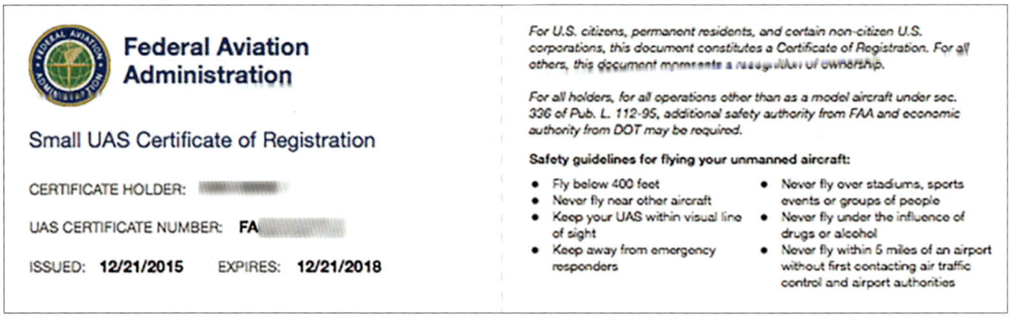
Federal Aviation Administration
Small UAS Certificate of Registration
CERTIFICATE HOLDER:
UAS CERTIFICATE NUMBER: FA
ISSUED: **12/21/2015** EXPIRES: **12/21/2018**

*For U.S. citizens, permanent residents, and certain non-citizen U.S. corporations, this document constitutes a Certificate of Registration. For all others, this document [illegible] ownership.*

*For all holders, for all operations other than as a model aircraft under sec. 336 of Pub. L. 112-95, additional safety authority from FAA and economic authority from DOT may be required.*

**Safety guidelines for flying your unmanned aircraft:**

- Fly below 400 feet
- Never fly near other aircraft
- Keep your UAS within visual line of sight
- Keep away from emergency responders
- Never fly over stadiums, sports events or groups of people
- Never fly under the influence of drugs or alcohol
- Never fly within 5 miles of an airport without first contacting air traffic control and airport authorities

**1.2** Documento di registrazione ricevuto per email.

## Utilizzo commerciale

Si è parlato molto dell'uso commerciale dei droni, e francamente è un caos. I legislatori stanno combattendo su questo argomento. Nel momento in cui scrivo, secondo i regolamenti FAA è illegale addebitare dei costi per l'utilizzo dei droni per le riprese di immobili, matrimoni, riprese cinematografiche, ispezioni o simili. L'eccezione è rappresentata da un'esenzione Serie 333, che permette l'utilizzo commerciale dei droni. Esistono delle restrizioni, e in alcuni casi è richiesta una licenza integrale da pilota. L'acquisizione di un'esenzione Serie 333 è un procedimento lungo e complesso. Una volta fatta la richiesta, bisogna attendere circa sei mesi che la FAA la elabori e la approvi o la rifiuti. Cercate informazioni online su questo argomento, perché probabilmente la normativa cambierà molto presto.

## Part 107

Nel momento in cui scrivo, esiste un insieme di proposte di regolamentazione, denominato Part 107, che consentirebbe a tutti l'utilizzo di droni più piccoli, come il Phantom, per uso commerciale. Le norme sarebbero simili a quelle correnti, ma vieterebbero il volo notturno e limiterebbero le operazioni a un solo velivolo alla volta. La restrizione relativa alla quota potrebbe essere innalzata fino a 152 metri. Tra i requisiti per la registrazione potrebbero essere inclusi un test di competenza e una verifica dei precedenti personali. Nel momento in cui leggete questo libro, il Part 107 potrebbe essere già diventato legge o essere stato bocciato. Per avere informazioni aggiornate in merito, tenete d'occhio il Web.

# CONCLUSIONI

**INNANZITUTTO, SEGUITE LE NORME LOCALI, USATE IL BUON SENSO E DATE ASSOLUTA PRIORITÀ ALLA SICUREZZA.** Se vi trovate faccia a faccia con le autorità locali che vi chiedono di atterrare e smettere di volare, vi suggerisco di ubbidire anche se avessero torto. Non vincerete mai una discussione con le forze dell'ordine o i servizi di sicurezza, e dalle persone irritate non ricaverete mai qualcosa di buono. Volate in un punto diverso, o tornate con una prova scritta che potete volare in quel luogo.

Se pensate che qualcosa non sia sicuro o siete in tensione perché non vi sentite pienamente all'altezza di una manovra, non provatela. Non vale mai la pena mettere a rischio la propria sicurezza o la propria costosa attrezzatura per uno scatto.

CAPITOLO 2

# DRONI E ACCESSORI

**L'ELEMENTO PIÙ IMPORTANTE DELLA FOTOGRAFIA AEREA È L'ATTREZZATURA,** che è essenziale per poter volare o fotografare. Detto ciò, per realizzare ottimi scatti non avete bisogno dell'attrezzatura più grande, migliore o costosa. Piuttosto, dovete avere la certezza che la vostra attrezzatura sia in grado di fare ciò che vi serve. Passione, pratica, costanza e creatività sono gli ingredienti chiave per ottenere scatti di successo. Tuttavia, tutto il talento del mondo non vi permetterà di realizzare grandi scatti aerei se ciò che vi limitate a fare è lanciare più in alto che potete un iPhone. In questo capitolo affrontiamo gli argomenti tanto amati dai fanatici delle attrezzature! Vedremo diversi droni, le loro caratteristiche e i loro accessori. Per quanto riguarda il tipo di drone con cui volate, questo particolare capitolo è molto orientato verso DJI, perché è la piattaforma di riferimento del momento. Sono gli strumenti con cui volo e di cui ho esperienza. Ma ricordate che questa terminologia e questi principi si applicano a qualsiasi drone oggi disponibile, e anche a quelli futuri.

**FORESTA PLUVIALE DI MANOAH, OAHU, HAWAII - LUGLIO 2015**
**DJI PHANTOM PROFESSIONAL**

Panorama aereo ripreso tra temporali. Le schiarite tra le nubi conferiscono all'immagine un bell'effetto screziato.

# PIATTAFORME

**AGLI INIZI, LA COMUNITÀ DEI VELIVOLI RADIOCOMANDATI ERA PRINCIPALMENTE UN MONDO FAI DA TE.** Le persone costruivano il proprio velivolo e lo facevano volare. La popolarità dei droni è esplosa con i velivoli pre-assemblati e pronti per l'uso. Un'intera generazione di fotografi e videomaker desiderava realizzare immagini aeree ma non voleva mettersi a saldare insieme i fili. Il DJI Phantom ha cambiato le cose fornendo una piattaforma volante per le telecamere pronta all'uso e facile da pilotare.

Oggi il mercato è invaso da velivoli di ogni tipo. Alcuni promettono di partire dal polso del pilota, mentre altri iniziano a volare quando vengono lanciati in aria. Oggi viviamo una sorta di corsa all'oro. Tutti si librano nel cielo. Abbiamo visto notizie di ogni genere e progetti su Kickstarter e Indiegogo. Ma proviamo a dividere la fantascienza da ciò che è realmente disponibile al momento.

Oggi i leader nelle piattaforme per la realizzazione di immagini aeree sono DJI, 3DR, Yuneec e Freefly. Esaminiamo rapidamente alcuni dei velivoli più popolari.

## DJI

Attualmente DJI è il leader mondiale nelle piattaforme per la produzione di immagini aeree, e non credo che questa situazione cambierà nel breve termine. In effetti, è il quadricottero Phantom di DJI che ha avviato la rivoluzione delle riprese aeree.

### PHANTOM

Il Phantom era un bell'apparecchio, molto efficiente, in grado di far volare una telecamera GoPro. Anche se sul mercato c'erano altri piccoli droni prima del Phantom, il suo controller di volo Naza-M e l'uso dei satelliti per la stabilizzazione sono ciò che hanno reso il Phantom facile da pilotare. Anche se sono passati pochi anni, la tecnologia ha fatto enormi passi avanti. Non esistevano la FPV o le app per il pilotaggio. La telecamera era una GoPro appesa sotto il velivolo.

DJI ha poi lanciato il gimbal Zenmuse con stabilizzazione a 2 assi, che consentiva un movimento più fluido della telecamera, privo di quello che chiamo effetto "Jello", ovvero un filmato che traballa come un budino di gelatina. Il gimbal a due assi ha eliminato le vibrazioni e stabilizzato il livello della telecamera durante il volo, rivoluzionando l'intero settore perché le persone potevano girare filmati stabili, con movimenti morbidi e facilmente utilizzabili.

Se si voleva vedere tramite la telecamera, era necessario acquistare un trasmettitore video e usarlo per inviare il segnale della GoPro a un monitor a terra. Non c'era alcun controllo sulle impostazioni della telecamera. Per realizzare video o foto bisognava avviare manualmente la telecamera a terra e quindi volare con la registrazione perennemente attiva o scattare costantemente foto con la macchina in modalità time-lapse. Per conoscere i dati di altezza e velocità era necessario installare un iOSD che trasmettesse la telemetria durante il volo. Mi ricorderò quel periodo per sempre.

## PHANTOM 2

Poi venne il Phantom 2, con motori più potenti e una batteria che non aveva bisogno dei cavi di collegamento e di un apposito sportello dove inserirli.

Dava la possibilità di far volare una GoPro con l'opzione di un gimbal a 3 assi. Il terzo asse consisteva nella rotazione, che era il pezzo mancante per realizzare riprese estremamente stabilizzate. Se volevi la FPV, dovevi ancora prendere il saldatore e realizzare qualche modifica artigianale.

Contemporaneamente, DJI ha lanciato il Phantom 2 Vision. Ho avuto la fortuna di essere tra i primi a utilizzare questo velivolo. In realtà ho avuto un prototipo in anteprima. Ciò che lo rendeva rivoluzionario era la FPV integrata tramite l'app DJI Vision, che permetteva di vedere sul proprio telefono cellulare ciò che la telecamera stava inquadrando. Tramite l'app era anche possibile gestire le funzioni della telecamera: c'era una funzione che permetteva di inclinarla utilizzando l'accelerometro del telefono. Poiché su questo veicolo non c'era un gimbal, era possibile scattare fotografie, ma i video erano troppo instabili per poter essere utilizzati.

Il Phantom 2 Vision+ è stato il primo velivolo che integrava tutto. Aveva la telecamera Vision+ con un gimbal a 3 assi integrato e un'app aggiornata che garantiva un maggiore controllo e una FPV migliore. La qualità della telecamera era appena sufficiente e per creare qualcosa di buono era necessario un sacco di lavoro di post-produzione. Tuttavia siamo stati capaci di ricavarne immagini e video decenti.

**2.1** Il Phantom 1 con i paraeliche e un gimbal Zenmuse H3-2D.

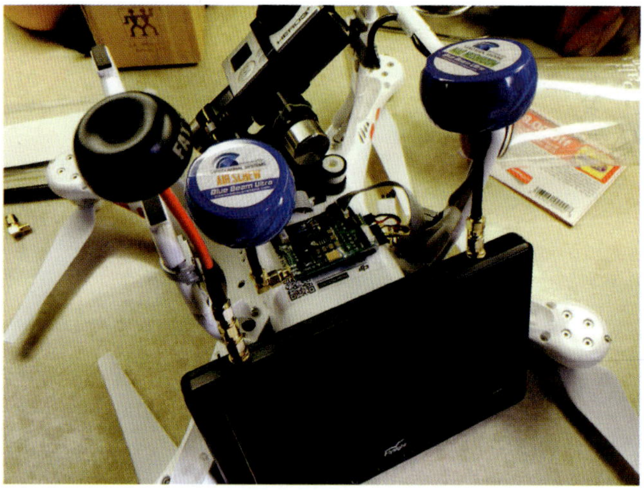

**2.2** Il Phantom 2 con modifiche artigianali per la FPV.

## PHANTOM 3

Il Phantom 3 ha segnato l'evoluzione definitiva di DJI. Ci ha permesso di realizzare facilmente immagini e video di livello professionale. I controlli di volo e la potenza sono stati decisamente migliorati. Il prodotto veniva presentato in modo molto astuto e semplificato. Il controller era stato completamente riprogettato, con controlli separati per i movimenti della telecamera, lo scatto e l'esposizione. Ne esistevano due modelli: il Phantom 3 Advanced e il Phantom 3 Professional. La differenza sostanziale era che la versione Pro poteva girare video in 4k, mentre l'Advanced girava video fino a 2.7K (dopo l'aggiornamento del firmware).

Un'importante evoluzione è stata l'integrazione di Lightbridge, una FPV in qualità HD con una portata molto ampia. Lightbridge in origine era disponibile come accessorio separato per i modelli con ali più ampie ed era stato introdotto come caratteristica integrata solo nell'Inspire 1. Permetteva di visualizzare un segnale in qualità HD su uno schermo con quasi nessun ritardo e una qualità di immagine eccezionale. Lightbridge lavorava in RF (radiofrequenza), quindi non era più necessaria l'unità Wi-Fi che alimentava il vecchio sistema FPV nella telecamera Vision originale. A questo punto DJI migrò tutto sull'app Go, che connette e comanda la linea dei prodotti DJI. Il Phantom 3 inoltre integra dei sensori rivolti verso il basso per fornire flusso ottico esattamente come l'Inspire 1. Per maggiori informazioni sul flusso ottico vedi la descrizione dell'Inspire 1.

Poco più tardi, DJI ha rilasciato altre due versioni del Phantom 3: la Standard e la 4K. Tornando al vecchio Wi-Fi e ai controller del Phantom 2 Vision+, nessuno di questi modelli utilizzava Lightbridge. Lo scopo era produrre una piattaforma base con un costo molto basso e proporla al mercato come un drone per principianti. Oggi potete acquistare uno di questi modelli per meno di 500 US$. Montano le stesse telecamere dei modelli Advanced e Professional, quindi tecnicamente si possono catturare immagini con quello stesso livello di qualità. Tuttavia, il loro raggio d'azione è molto più limitato e non posseggono i controlli fisici della telecamera integrati nel controller remoto. Potete controllare la telecamera tramite l'app.

Con un successivo aggiornamento del firmware, DJI ha aggiunto le modalità di volo intelligente alla gamma Phantom 3. Le modalità di volo intelligente abilitano il Phantom 3 a volare in modo autonomo. Approfondiremo queste modalità di volo più avanti nel corso del libro.

**2.3** Phantom 2 Vision.

**2.4** Phantom 2 Vision+.

**2.5** Phantom 3 Professional.

**2.6** Phantom 4.

## PHANTOM 4

Meno di un anno dopo il Phantom 3, DJI ha presentato il Phantom 4. Le aggiunte principali al Phantom 4 sono motori più potenti, eliche a scatto, telecamera integrata e un guscio aerodinamico con baricentro più alto per ottenere un migliore equilibrio. La batteria di nuova concezione è montata più in alto, così come le eliche sono montate su motori più lunghi. Si tratta di un tentativo di posizionare le eliche leggermente all'esterno della struttura e di supportare le maggiori velocità di volo della nuova modalità sport. DJI dichiara che il Phantom 4 può volare a 47 mph (75,6 km/h). A oggi, ho fatto volare il mio a poco meno di 55 mph (88,5 km/h) .

Forse l'aggiunta più importante nel Phantom 4 sono i sensori rivolti in avanti, che permettono il riconoscimento degli oggetti. Rilevando e identificando un oggetto, per esempio una persona, un'auto e così via, il Phantom4 può inseguirlo mentre si muove. Questa funzione si chiama Active Track ed è fantastica per chi intende inseguire un oggetto, volendo anche sé stessi. Un buon metodo è quello di selezionare il bersaglio e quindi di volargli intorno per aumentare la precisione del riconoscimento. Qualche incertezza nel tracciamento si può verificare quando l'oggetto si muove in condizioni di pieno sole, quando il contrasto è basso e quando si effettuano curve brusche.

Un'altra funzione dei sensori rivolti in avanti è l'aggiramento degli oggetti. I sensori sono in grado di identificare un ostacolo, per esempio un muro, un albero o, com'è auspicabile, una persona. Le impostazioni possono includere l'arresto, il sorvolo o il volo intorno all'ostacolo, e anche l'inversione della direzione di volo se l'ostacolo è in movimento.

Altri sensori sono stati aggiunti nella parte inferiore del velivolo per migliorare l'aggiramento degli ostacoli e aumentare il flusso ottico fino a 10 metri, rispetto ai 3 precedenti.

## INSPIRE 1

Il 12 novembre 2014 sono stato invitato, insieme a un piccolo gruppo di key influencer, a un evento a Treasure Island, San Francisco. Tutto ciò che sapevamo era che DJI avrebbe presentato un nuovo prodotto. Durante gli interventi abbiamo visto volare il primo Inspire 1 volare nello spazio dell'evento. I partecipanti hanno sussultato, poiché nessuno aveva mai visto nulla di simile.

Dovete capire che ciò accadeva prima del Phantom 3, e si trattava del primo drone aerodinamico semiprofessionale che veniva presentato. La prima cosa che ha colpito tutti è stato il suo aspetto futuristico e il potente suono dei motori. Inoltre, trasmetteva un video HD in diretta dalla telecamera su un grande schermo. È stato rivoluzionario.

Da quella data sono state realizzate altre versioni più evolute, ma ora diamo un'occhiata all'Inspire 1.

L'Inspire 1 è stato il primo drone di piccole dimensioni a incorporare tutte le diverse tecnologie di DJI in un unico velivolo, e francamente era diversi anni in anticipo sui tempi. Era un velivolo più grande e più pesante del Phantom, ricchissimo di tecnologia. Per prima cosa le gambe sono realizzate in fibra di carbonio, per renderle più leggere e robuste. Dopo il decollo, le gambe e

2.7 Evento di lancio a Treasure Island.

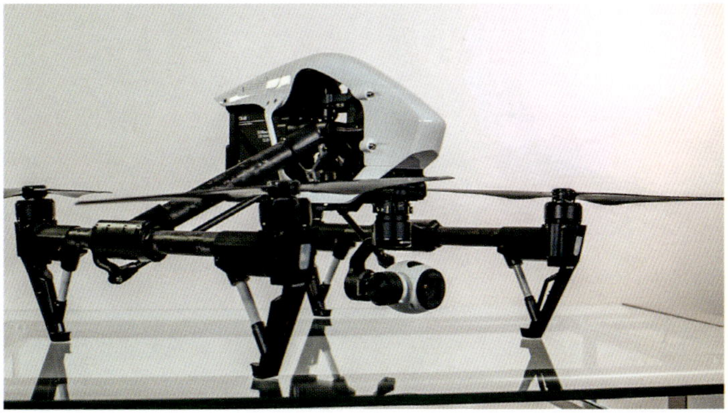

2.8 Inspire 1.

le eliche possono essere sollevate in posizione di volo, rimanendo così nascoste alla vista della telecamera.

Il velivolo integra un sistema di flusso ottico. Il flusso ottico è un insieme di sensori rivolti verso il basso che utilizzano il sonar e una telecamera ottica per rilevare il terreno. Questo consente di effettuare voli stabilizzati in interni, senza il supporto satellitare. Se avete già volato in interni con un Phantom 1 o 2 è una caratteristica che apprezzerete. Potrebbe causare qualche problema quando si vola sopra ostacoli come dei mobili alti, perché farà salire di quota il velivolo. Un'altra superficie problematica è l'acqua in movimento, per esempio le onde o le riprese di surf. Quando si vola in queste situazioni, disattivate il flusso ottico o volate a una quota superiore ai 3 metri (l'effettivo raggio d'azione del flusso). Il Phantom 4 (e probabilmente l'Inspire 2) ha un raggio d'azione del flusso ottico di 9 metri.

La telecamera è integrata a un gimbal removibile, e con il semplice movimento di una leva entrambi possono essere sostituiti con altre telecamere compatibili. La telecamera può ruotare di 360 gradi ed essere controllata in remoto dal pilota. Inoltre, un secondo operatore può utilizzare un altro controller per gestire integralmente la telecamera mentre il primo operatore mantiene il controllo del velivolo. La telecamera è in grado di realizzare video in 4k e fotografie da 12 MP in Adobe DNG Raw.

L'Inspire 1 utilizza Lightbridge per la FPV HD a lungo raggio con una latenza pari quasi a zero (il ritardo di trasmissione dalla telecamera allo schermo). Impiega anche l'app DJI Go.

Per l'Inspire 1 sono state rilasciate diverse telecamere aggiuntive. La X5 è una micro 4/3 con obiettivi intercambiabili e apertura e messa a fuoco regolabili (insomma, una "vera" telecamera). La X5R è simile alla X5, ma registra immagini e video su un disco SSD integrato. È in grado di registrare video senza perdita o una serie di immagini fisse in formato RAW.

Un Inspire 1 di serie può essere aggiornato collegando una telecamera X5 o X5R. Sarà necessario acquistare un kit di aggiornamento composto da una piastra di smorzamento delle vibrazioni più grande, che fungerà da supporto per la telecamera, e da estensioni per le gambe. A causa delle grandi dimensioni della telecamera, l'Inspire richiede più spazio da terra per trasportarla senza che tocchi il suolo al momento dell'atterraggio.

**2.9** Telecamera Zenmuse X5.

L'Inspire è disponibile anche in una versione standard con la telecamera X5, nota come Inspire Pro. Una volta aggiornato il vostro Inspire, sarà molto simile alla versione Pro e potrà eseguire il firmware Pro. La versione Pro ha un po' più di autonomia di batterie rispetto alla versione aggiornata dell'Inspire 1 grazie a motori leggermente più efficienti.

Esiste anche un'altra telecamera compatibile per l'Inspire 1: la XT, una termocamera FLIR utilizzata per le ispezioni e le missioni di ricerca e soccorso. La telecamera XT esula dagli obiettivi di questo libro.

## 3D Robotics (3DR) Solo

3DR è da tempo sul mercato, e produce velivoli radiocomandati e componenti. Durante il NAB 2015 ha lanciato il 3DR Solo, definendolo Smart Drone.

Il Solo è un quadricottero simile al Phantom per peso e dimensioni. Utilizza due microcomputer Linux, integrati uno nel velivolo e l'altro nel controller, che è simile a quello per i videogame ed è stato realizzato dallo stesso team che ha progettato la Xbox.

Solo è un drone BYOC (*Bring Your Own Camera*) e al momento supporta integralmente la GoPro Hero 4. Dotato di un gimbal a 3 assi, vi permette di controllare le impostazioni principali della telecamera e di farla funzionare in modalità fotografica e video da remoto tramite l'app 3DR Solo. L'app funziona in modo simile all'app DJI Go e può essere installata su dispositivi iOS e Android; inoltre funziona anche come FPV. Se volete volare con una GoPro, il Solo è attualmente la miglior scelta possibile.

Solo utilizza il GPS per la stabilizzazione, il pilota automatico, gli scatti intelligenti e il rientro di emergenza alla base.

Ciò che rende speciale il Solo sono gli scatti intelligenti. Ci sono diverse modalità di scatto intelligente che possono essere programmate, e sono automatizzate per aiutarvi a ottenere scatti complessi con facilità.

**2.10** Solo.

Segue un elenco delle modalità di scatto intelligente.

- **Cable Cam:** permette di impostare i punti tra cui volerà il Solo. Con Cable Cam potrete anche automatizzate l'inclinazione del gimbal.
- **Orbit:** gira intorno a un oggetto mantenendo puntata la telecamera verso il bersaglio.
- **Follow:** segue automaticamente l'utilizzatore. La modalità Leash consente di impostare una distanza, e il Solo rimarrà dietro l'oggetto che sta seguendo. Dato che il Solo non è dotato di sensori per rilevare ed eludere gli ostacoli, questo è un buon modo per evitare gli impatti.
- **Selfie:** posizionate un oggetto al centro dell'inquadratura e premete il pulsante. Il Solo si allontanerà mentre il gimbal e la rotazione manterranno l'oggetto al centro dell'immagine per tutto il tempo. La funzione può anche essere invertita per realizzare uno scatto in avvicinamento di forte impatto.
- **Pano:** scatta in automatico tutte le fotografie necessarie per creare un'immagine panoramica. Potrete poi unirle in Lightroom o in Photoshop.
- **Zipline:** consente di creare automaticamente una ripresa a volo radente. Voi fissate un obiettivo per la telecamera e questa rimarrà bloccata su di esso mentre il Solo vola verso e oltre l'oggetto.

## Aggiornamenti del firmware

Indipendentemente dall'apparecchio che decidete di pilotare, tenete d'occhio gli aggiornamenti del firmware. Gli aggiornamenti correggono gli errori del software e aggiungono nuove funzionalità al vostro drone. Di solito l'app informa quando è disponibile un nuovo firmware. Quando avviate un aggiornamento del firmware, assicuratevi che le batterie siano completamente cariche e non interrompete a metà la procedura. Un altro consiglio che mi sento di darvi è di iscrivervi a qualche gruppo su Facebook e attendere l'approvazione da parte della community prima di eseguire l'aggiornamento. Di solito attendo circa una settimana prima di decidere se eseguire o saltare l'aggiornamento in base ai feedback della community. Se l'aggiornamento causa gravi problemi a più persone, di solito attendo fino a quando i problemi non vengono risolti.

### RIENTRO (DI SICUREZZA) ALLA BASE

La maggior parte dei droni moderni, se non tutti, utilizza i satelliti per il posizionamento. I satelliti indicano la posizione del velivolo e aiutano a tenerlo stabile comunicando ai motori le informazioni necessarie per effettuare costanti microregolazioni. Esistono due reti di satelliti: GPS e GLONASS. Uno dei compiti più importanti assolto dai satelliti è indicare il punto di partenza (*home point*). Il punto di partenza viene indicato come destinazione di sicurezza. Questo significa che se il controller perde la connessione con il velivolo a causa di un malfunzionamento, di un guasto alla batteria o di una caduta accidentale in acqua, il velivolo non continuerà a volare da solo fino a schiantarsi da qualche parte.

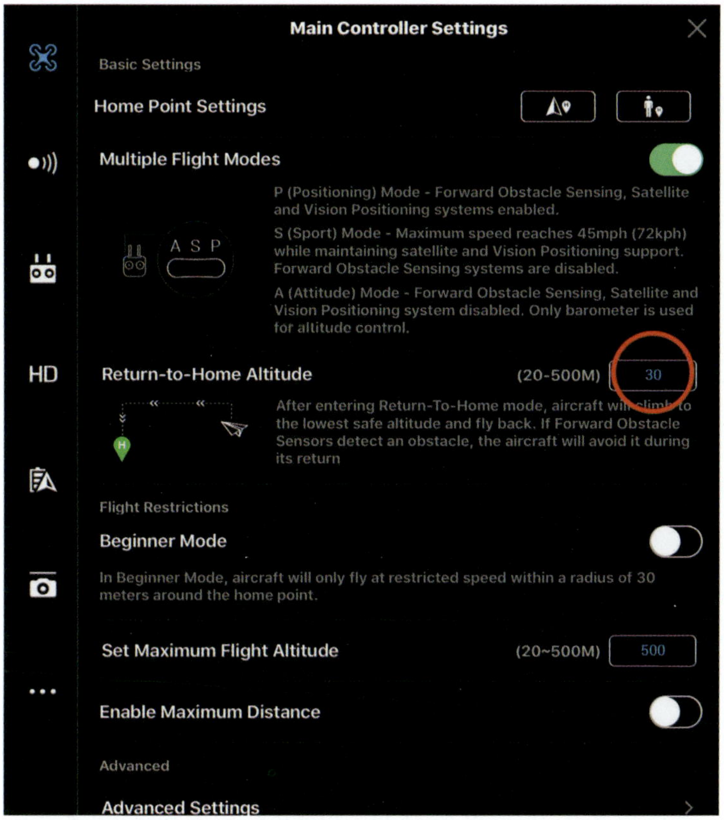


**2.11** Impostazioni del punto di partenza.

Il velivolo invece si porterà a una quota di sicurezza (di solito è programmabile tramite l'app; fate riferimento alle istruzioni per l'uso del velivolo) e tornerà al punto di partenza, atterrerà automaticamente e spegnerà i motori.

Il punto di rientro di sicurezza viene anche utilizzato per monitorare le batterie a bordo del velivolo. Quando il livello delle batterie si abbassa, il velivolo torna al punto di partenza. Se volete continuare a volare, avete la possibilità di disattivare la funzione. Tuttavia, quando il livello delle batterie si abbassa fino a un punto critico, il drone passerà in modalità auto-atterraggio. A questo punto avrete ancora la possibilità di guidarlo in un punto sicuro per l'atterraggio (se il rientro di sicurezza è stato disattivato). Una volta che il velivolo è in modalità critica (di solito al 20% delle batterie) non è possibile annullare l'atterraggio, perché il software non gli permetterà di rimanere senza energia a mezz'aria e precipitare. Si tratta di un'ottima misura di sicurezza.

Potete anche forzare un ritorno al punto di partenza premendo il pulsante Home del controller o dell'app. Ancora una volta, fate riferimento alle istruzioni del vostro specifico velivolo per familiarizzare con questa funzione prima del vostro primo volo.

### LUCI DI STATO

Sotto ogni velivolo, di solito sotto i bracci, vedrete le luci di stato che forniscono importanti informazioni. Le luci vi dicono quando i satelliti sono agganciati, quando è sicuro l'atterraggio, quando le batterie si stanno scaricando e se si è verificato un errore.

Fate riferimento al manuale di istruzioni per conoscere il significato delle luci di stato del vostro velivolo. In generale, il rosso lampeggiante non è mai una buona indicazione, il giallo indica che alcune funzioni sono disabilitate e il verde (o il bianco sul 3DR Solo) significa che tutto va bene. Imparate il significato di queste luci: il vostro velivolo potrebbe cercare di dirvi qualcosa di importante.

# FILTRI

**I FILTRI POTREBBERO ESSERE GLI ACCESSORI MENO COMPRESI** nella fotografia e filmografia aerea. Ogni volta che pubblico un'immagine c'è sempre qualcuno che mi chiede se siano stati usati dei filtri. È una domanda giusta, ma ho scoperto che molte persone pensano che applicando alla telecamera un filtro ND si otterranno immagini più nitide e brillanti. Spesso invece questi filtri producono un risultato opposto, peggiorando l'aspetto di una fotografia. Dopo aver letto questo paragrafo, lo scopo e l'uso dei filtri vi saranno più chiari, e utilizzandoli vedrete migliorare le vostre immagini.

I filtri sono sottili lenti di vetro che si avvitano sulla parte anteriore dell'obiettivo. Ciascun tipo di vetro possiede particolari proprietà che influenzano in modo specifico le immagini. Il punto fondamentale è che il vetro sia privo di distorsioni, pulito e, per il lavoro aereo, leggero.

Vedremo diversi tipi di filtri: ultravioletto (UV), polarizzatore circolare (CP), a densità neutra (ND) e graduato a densità neutra (GND).

**2.12** Filtri.

Per ottenere l'esposizione corretta, spesso il corretto tempo di posa è molto più breve di quello che desideriamo per i video, quindi è necessario ridurre la quantità di luce con il filtro ND. La maggior parte dei video di qualità viene girata con un filtro ND piuttosto che senza. A meno che non sia molto nuvoloso, durante le riprese diurne in esterni utilizzerete sempre un filtro ND. È molto facile da comprendere: azzerate l'esposimetro della telecamera nell'app e verificate il tempo di posa. Se è troppo breve, aggiungete un filtro ND.

In genere, per la maggior parte delle riprese diurne si usa un ND 16, oppure si sale a un ND 32 in condizioni di forte luminosità, per esempio sull'acqua o sulla neve. Se il cielo è un po' nuvoloso, potrebbe bastare un ND 8.

Questa è la classica scala dei tempi in incrementi di stop intero: 1/1000 di secondo, 1/500, 1/250, 1/125, 1/60, 1/30, 1/15, 1/8, 1/4, 1/2, 1 secondo.

### ND GRADUATO

L'ultimo tipo di filtro di cui parleremo è il GND. Si tratta di un filtro colorato nella parte superiore e trasparente in quella inferiore. Tra la zona più scura e quella più chiara c'è una sfumatura uniforme, che ci consente di rendere più buio il cielo senza scurire il primo piano. Si tratta di un'opzione eccezionale per gli scatti in esterni e per fotografare i paesaggi, dato che normalmente il cielo è più luminoso del terreno. Aggiungendo un filtro GND possiamo equilibrare le differenze e mostrare maggiori dettagli contemporaneamente sia nel cielo che sul terreno.

## VISTA IN PRIMA PERSONA (FPV)

**FPV SIGNIFICA VEDERE CIÒ CHE VEDE LA TELECAMERA.** I videogiochi come Doom o Call of Duty sono chiamati sparatutto in prima persona perché mettono il giocatore virtualmente al centro dell'azione, come se fosse effettivamente lì. La FPV (*First Person View*) fa la stessa cosa. È più facile vedere dove state volando guardando tramite la FPV, perché potete visualizzare gli ostacoli e gli spazi liberi di fronte a voi. Quando il velivolo è a una certa distanza diventa difficile valutare la sua posizione rispetto ad altri oggetti a causa della ridotta percezione della profondità.

Mentre è piacevole poter disporre della FPV per volare, quando è il momento di inquadrare gli scatti diventa davvero fondamentale. Quando fotografate, utilizzate la FPV per inquadrare. Quando girate dei video, la utilizzerete sia per inquadrare le immagini che per mantenere l'inquadratura se effettuate riprese in movimento.

Ci sono due sistemi principali di FPV: lo schermo e i visori/occhiali.

## SCHERMO FPV

Oggi "schermo" spesso significa uno smartphone o un tablet, ma non è sempre così. Molti droni, come l'Inspire 1, possono aver collegato un grande monitor tramite un connettore HDMI. Questo consente di avere un riscontro remoto di ciò che la telecamera vede.

Più comunemente si usa un'app per dispositivi mobile iOS o Android che viene scaricata sullo smartphone o sul tablet. Queste app integrate consentono di cambiare attrezzatura, telecamera e telemetria (velocità e posizione) e forniscono un'ampia visualizzazione in tempo reale di ciò che vede la telecamera. Alcune di queste app comprendono anche un registratore di volo che consente di accedere alle informazioni di volo in un secondo momento.

Il principale dispositivo FPV che utilizzo è un iPad Air 2. Sebbene non sia un dispositivo di ultima generazione funziona benissimo con i Phantom e gli Inspire. I DJI Phantom (3 Pro, 3 Advanced e 4) e gli Inspire utilizzano Lightbridge, che trasmette un segnale in HD in tempo reale. Riceverete quindi un segnale nitido, con pochissimo sfarfallio e quasi senza latenza (ritardo). Nella maggior parte dei casi preferisco volare con un controllo a vista, dando un'occhiata alla FPV come riferimento, perché voglio essere consapevole dell'ambiente circostante. Per le riprese video guardo di più il dispositivo FPV per assicurarmi che l'inquadratura sia buona e che i movimenti e la velocità siano quelli che desidero. Rimango comunque consapevole dell'ambiente circostante e se possibile mi faccio affiancare da un osservatore che tenga d'occhio il velivolo quando non lo faccio io. Non appena realizzata la ripresa, torno immediatamente a guardare il velivolo per verificare che tutto sia in ordine e a posto.

La luce abbagliante del sole può costituire un problema, quindi è importante avere un parasole per lo schermo. Potete costruirvene uno utilizzando materiale espanso nero. Potete indossare degli occhiali da sole, ma assicuratevi che non siano polarizzati per non avere problemi a vedere il contenuto dello schermo.

**2.17** Comando remoto con un iPhone collegato.

### VISORI E OCCHIALI

I visori e gli occhiali FPV sono una modalità totalmente immersiva di guardare attraverso la vostra FPV. Quando indossate il visore, tutto quello che vedrete è il display. Fornisce una visione molto chiara della FPV e rende molto facile vedere e volare, come se foste effettivamente all'interno del drone. Grazie a questa vista particolarmente sofisticata, i visori FPV vengono usati per le competizioni di droni.

Poiché io realizzo fotografie e video, non uso esclusivamente i visori FPV. Preferisco essere consapevole dell'ambiente che mi circonda e sapere costantemente dove è posizionato il drone. Tuttavia, potreste volare fino alla posizione, dare un'occhiata in giro per verificare che non ci siano ostacoli, quindi indossare il visore e volare. La mia opzione preferita è utilizzare l'Inspire in modalità doppio operatore: un pilota fa volare l'apparecchio controllandolo a vista, mentre il secondo pilota è l'operatore della telecamera. Quest'ultimo non deve preoccuparsi del velivolo, perché non lo sta pilotando: sta esclusivamente gestendo la telecamera. Essere completamente immerso nel tuo piccolo mondo in qualità di operatore video è molto bello, e permette di ottenere le migliori riprese possibili.

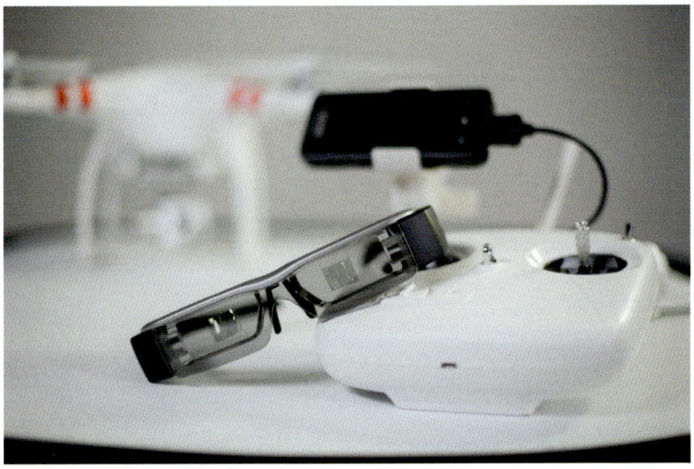

**2.18** Occhiali Epson Moviero BT 200.

Esistono occhiali, come i Fat Shark, che si collegano alla porta HDMI del controller e permettono una visione estremamente chiara. Ci sono anche occhiali trasparenti, per esempio gli Epson Movero, che permettono la visione dell'ambiente circostante e contemporaneamente della FPV e della telemetria in modalità HUD (*Head-Up Display*). La presenza di una forte luce solare può compromettere la visione dell'HUD.

### REALTÀ VIRTUALE (VR)

Un diverso tipo di visore che si sta affermando sul mercato è il VR/AR, che vi permette di inserire lo smartphone e utilizzarlo tramite una struttura appositamente progettata, come la Google Cardboard. Per questo non è necessario l'HDMI: basterà il connettore standard USB.

Lo Zeiss VR One è il visore di punta della gamma e viene fornito con un contenitore progettato appositamente per il vostro specifico smartphone, insieme ai dati CAD per poter stampare in 3D i vostri contenitori personalizzati. Installate la migliore app (ne escono continuamente di nuove), inserite lo smartphone nel visore e iniziate a volare. Potrete vedere in 3D in un mondo virtuale. Lo Zeiss consente anche l'AR (*augmented reality*, realtà aumentata). La fotocamera dello smartphone acquisisce le immagini e l'app sovrappone un display permettendovi di miscelare la realtà con la realtà virtuale.

Un'altra opzione è l'app Visual Vertigo 3D FPV, che vi permette non solo di ottenere una vista stereoscopica in 3D attraverso la telecamera del vostro drone, ma anche di controllare la direzione della telecamera stessa muovendo la testa. L'app può essere installata nel vostro smartphone iOS o Android, che verrà inserito nel visore VR. Visual Vertigo propone anche un economico visore VR che dispone di uno sportello frontale in cui inserire lo smartphone. I vari visori e le tecnologie che stanno nascendo intorno ai droni sono davvero estremamente eccitanti!

2.19 Visore Zeiss VR One.

2.20 Visore Visual Vertigo.

# BATTERIE

**PERCHÉ PARLARE DI BATTERIE?** Le caricate, le inserite, volate, e ripetete di nuovo. Giusto? In realtà ci sono alcune cose a proposito delle batterie che dovreste conoscere per ragioni di sicurezza e anche per farle durare più a lungo.

Le batterie usate più comunemente negli UAV (*unmanned aerial vehicle*, velivolo a pilotaggio remoto) sono del tipo LiPo, ovvero litio-polimero o litio-ione-polimero, che non sono molto diverse da quelle utilizzate nei moderni laptop. La differenza è che sono avvolte in un morbido guscio di polimero. Sono batterie multi-cella molto diffuse perché hanno una potenza elevata, sono leggere e possono essere realizzate in quasi tutte le forme e dimensioni.

Si consiglia di caricare queste batterie in una zona ben ventilata, a prova di fuoco, e di non lasciarle incustodite durante la ricarica. I caricabatterie intelligenti sono molto più sicuri e facili da usare perché quando le batterie sono cariche si spengono. Altrimenti, se sovraccaricate le batterie potrebbero esplodere e rilasciare gas e scintille in grado di provocare un incendio. Se fate una ricerca online sull'esplosione di batterie LiPo troverete molti risultati.

Se gestite correttamente, queste batterie sono abbastanza sicure e dureranno a lungo. Basta non bucarle, ed è una pessima idea lasciarle esposte al sole. Se le batterie appaiono gonfie o deformate, smaltitele con attenzione. Non tentate di usare un oggetto appuntito per sgonfiarle, perché quasi certamente prenderebbero fuoco.

Quando avrete utilizzato una batteria, la sentirete molto calda al tatto, persino bollente. Prima di ricaricarla attendete che si sia completamente raffreddata: in questo modo la farete durare molto più a lungo. Ricaricare ripetutamente una batteria molto calda può comprometterne l'utilizzo in poche ore.

**2.21** Batterie LiPo.

Quando non utilizzate una batteria per un lungo periodo, non lasciatela completamente carica né totalmente scarica. La soluzione migliore è tenerla mezza carica. Conservatela in un luogo fresco. DJI ora utilizza batterie intelligenti che si scaricano automaticamente se non vengono utilizzate per circa 10 giorni. Rilasceranno lentamente la loro carica fino a circa metà. I giorni prima del rilascio della carica possono essere impostati con l'app Go. Assicuratevi che ogni singola batteria sia programmata inserendola nel velivolo e scegliendo l'impostazione tramite l'app. Infine spegnete, e l'impostazione della batteria sarà programmata.

**2.22** Impostazioni dell'app Go: giorni prima del rilascio della carica.

Quando viaggiate in aereo con le batterie, assicuratevi di portarle con voi in cabina e non caricarle in stiva. Non dovrebbero essere completamente cariche e i contatti dovrebbero essere coperti. Se le batterie hanno una potenza inferiore a 100 Wh (come tutte le Phantom e le Inspire TB47) non esiste un limite legale alla quantità che può essere trasportata. Se avete delle batterie TB48, con alcune linee aeree il limite è due pezzi, ma è possibile ottenere il permesso per trasportarne una quantità maggiore. Se volete richiedere il permesso, non chiedetelo al personale di terra in aeroporto o all'equipaggio, perché non avranno informazioni in merito. Sono stato lasciato a terra da un volo della Southwest Airlines da Las Vegas perché ho menzionato le batterie a un'assistente di volo che non aveva ben compreso le normative. Lei ha parlato con il pilota, che a sua volta non era al corrente delle norme relative alle batterie, quindi sono stato dichiarato "No fly" e accompagnato fuori dall'aereo. Dopo aver perso il volo e aver atteso più di un'ora mentre il supervisore delle operazioni parlava al telefono con la sede centrale, ho finalmente ricevuto delle scuse.

Se intendete trasportare delle batterie superiori a 100 Wh e avete necessità di un permesso, chiamate gli uffici della compagnia aerea qualche giorno prima del volo e parlate con qualcuno che sia competente per gestire queste situazioni. Vi risparmierete un sacco di fastidi. Vi raccomando anche di stampare le norme FAA (o dell'autorità del paese in cui state viaggiando). Se potrete includere le batterie nel vostro bagaglio a mano non ne avrete bisogno. Se non sarà possibile, evitate assolutamente che vengano caricate in stiva. Rimuovetele dalla custodia, ma tenete a portata di mano le norme stampate. Oppure, evitate di richiamare l'attenzione sulle batterie e andrà tutto bene.

Ci sono diverse ragioni per evitare che le batterie finiscano in stiva. La prima, è che è illegale. (Anche se è perfettamente legale portarle con sé.) Una batteria LiPo parzialmente carica non può esplodere senza ragione: per questo motivo sono dichiarate sicure in cabina. Guardate tutti quei computer portatili: hanno batterie simili.

Nella stiva non c'è nulla che possa far incendiare o esplodere le batterie. In ogni caso, se per qualsiasi ragione dovessero prendere fuoco, in cabina verrebbero subito notate e facilmente spente, mentre nella stiva nessuno noterebbe le emissioni di fumo fino allo sviluppo delle fiamme. Da quello che ho letto, le sostanze chimiche utilizzate per estinguere un incendio nella stiva sono inefficaci contro il fuoco generato da ioni di litio. Per questo motivo non è permesso trasportare batterie di ricambio per i computer portatili, mentre voi siete autorizzati a trasportare le vostre.

Un'ultima cosa su come viaggiare con le batterie: quando in aeroporto passate i controlli di sicurezza, rimuovete tutte le batterie dal bagaglio e ponetele in un cestino separato per l'ispezione. È abbastanza probabile che gli ispettori le esaminino per verificare la presenza di possibili materiali esplosivi, dato che le macchine a raggi X non possono vedere all'interno delle batterie. Se le lasciate nel bagaglio, vi chiederanno di tirarle fuori e il bagaglio dovrà passare sotto i raggi X una seconda volta, causando un ritardo per tutti.

Tutto sommato, ho viaggiato molte volte con batterie e droni e, con l'eccezione di quel volo con la Southwest, non ho mai avuto un problema. Ricordate solo di mettere le batterie in un contenitore separato quando passate i controlli di sicurezza e di tenerle nel bagaglio a mano in cabina, e tutto dovrebbe filare liscio. Naturalmente queste norme potrebbero cambiare, quindi prima della partenza controllate le regole della compagnia aerea in moda da sapere come comportarvi.

### SCHEDE SD E LETTORI

Quando scattate, salvate le immagini e i video su una scheda di memoria. La tipologia di scheda di memoria più utilizzata sui droni è la microSD. Queste minuscole schede sono comuni perché sono piccole, leggere e permettono l'uso di telecamere di dimensioni ridotte.

Avere schede di alta qualità è importante: non solo per l'affidabilità ma anche per la velocità. Vi consiglio di usare come minimo schede di classe 10. Se intendete girare video in 4K, avete bisogno di una scheda che sia sufficientemente veloce per scrivere tutti i dati. L'altro aspetto da considerare è lo scatto di fotografie. Quando si scattano delle foto, si vuole essere in grado di modificare le impostazioni della telecamera e scattare di nuovo. Su molte telecamere (tutte quelle DJI) non è possibile modificare le impostazioni, girare un video o scattare un'altra foto finché la telecamera non ha concluso l'elaborazione. Vedrete un cerchio blu che ruota sovrapposto al pulsante di scatto dell'app Go. Più la scheda è veloce, più rapido sarà il processo di scrittura e più in fretta la telecamera sarà di nuovo disponibile. Tutto ciò è particolarmente evidente quando si riprendono diverse immagini in modalità AEB o a raffica.

Attualmente io uso le schede di memoria Lexar 1800x, che sono classificate UHS-II (velocità ultra elevata 2) e possono scrivere a 100 MB/s e leggere a 270 MB/s. Con queste schede più veloci noterete davvero la differenza sia durante le riprese che quando trasferirete le immagini su un computer o su un disco rigido.

Per trasferire i dati dalle schede avrete bisogno di un lettore di buona qualità. Molte schede Lexar vengono fornite con un adattatore USB o con un adattatore a scheda SD in modo da poter trasferire i file. Io utilizzo un lettore USB3 Lexar Workflow UR2. Questo dispositivo accoglie tre schede microSD alla volta. Se utilizzate schede UHS-II, assicuratevi che anche il lettore sia UHS-II o non potrete sfruttare appieno la velocità disponibile.

Ancora un piccolo consiglio: quando dopo una sessione di riprese avrete finito di trasferire i file multimediali, non cancellate subito i file dalla scheda. Prima verificate che tutti i dati siano stati trasferiti con successo, poi inserite la scheda nella telecamera e formattatela prima di un nuovo utilizzo; questo renderà più affidabile il nuovo processo di scrittura sulla scheda. Assicuratevi di avere un metodo (per esempio l'immediato trasferimento delle immagini dopo una sessione di riprese), in modo da non rischiare di cancellare accidentalmente l'unica copia delle immagini o dei video. Sarebbe davvero fastidioso.

**2.23** Schede Lexar microSD.

## BORSE E VALIGIE

La prima cosa che ho fatto quando ho avuto il mio primo drone è stato trovargli una valigia da viaggio. È importante avere modo di trasportarlo, e la scatola di cartone in cui è arrivato non durerà a lungo. Le caratteristiche di una buona valigia sono diverse. In primo luogo volete che protegga il velivolo, quindi è necessario qualcosa che lo avvolga saldamente in modo che non possa muoversi. Volete anche che l'imbottitura sia morbida, in modo che il velivolo non si graffi. Un'altra buona caratterista è un certo numero di scomparti separati, in modo da potervi inserire tutti gli accessori. Dovrete trasportare il controller, le batterie di scorta, le eliche, il dispositivo FPV, le schede microSD, forse qualche attrezzo e possibilmente un caricabatterie.

Quando viaggio lontano dalla mia città porto con me uno o due caricabatterie, cosa che evito quando rimango nei paraggi. Di solito porto quattro o cinque batterie, a seconda del velivolo, e in genere sono sufficienti per la maggioranza degli impieghi.

Le valigie rigide prodotte da GPC (goprofessionalcases.com) sono le migliori che ho utilizzato e oggi le più diffuse. Sono valigie di plastica a tenuta stagna. La cassa esterna è molto robusta e ha una guarnizione di gomma attorno all'apertura per evitare l'infiltrazione di umidità, polvere o sabbia. Gli interni in schiuma preformata sono ben progettati e si adattano perfettamente all'attrezzatura. Ogni elemento ha il suo spazio dedicato che lo accoglie e lo mantiene al sicuro.

GPC realizza anche zaini con gli stessi interni in schiuma preformata e che sono in grado di trasportare qualsiasi cosa, da un Phantom a un Inspire. Anche Thinktank Photo produce un ottimo zaino per il Phantom, chiamato Helipack.

Di solito quando faccio trekking preferisco lo zaino. Quando sono vicino a casa o viaggio in auto o in aereo prendo la valigia rigida. Le valigie rigide GPC sono anche prodotte con rotelle opzionali, di cui sono un fan appassionato, specialmente per l'Inspire, che è pesante.

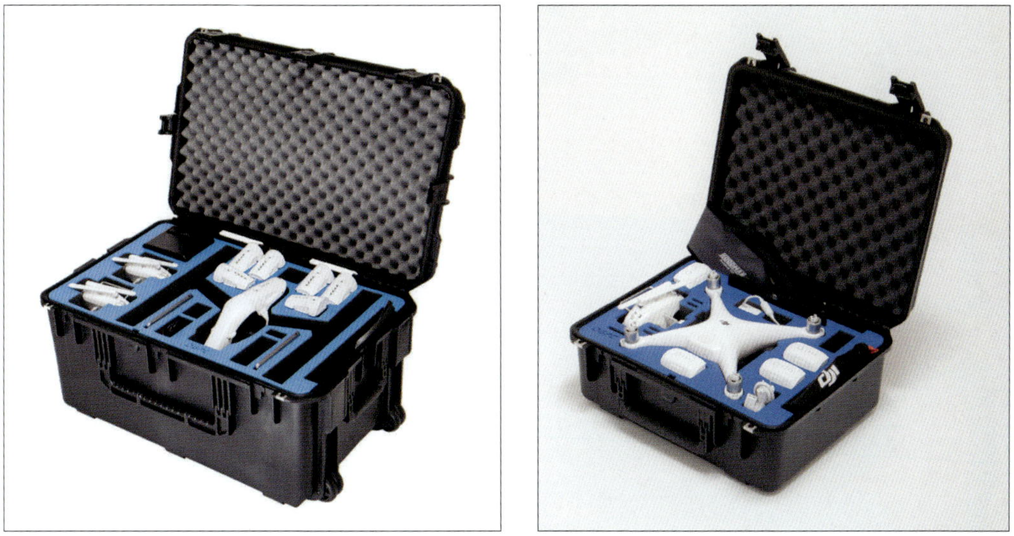

**2.24** Valigie GPC.

CAPITOLO 3

# SCUOLA DI VOLO

**PER POTER PILOTARE UN VERO AEREO** dovreste frequentare una scuola di volo e acquisire le competenze e le abilità necessarie per controllarlo. Capireste anche perché elementi come la temperatura e l'altitudine influiscono sul velivolo. Vi esercitereste a realizzare diverse manovre, per esempio a virare o salire di quota, e soprattutto impa-rereste ad atterrare in totale sicurezza. Una volta completati questi compiti, potreste avere l'opzione di acquisire una licenza per il volo strumentale, per poter volare basan-dovi sulla strumentazione. Ciò richiede una conoscenza approfondita del significato di tutti gli indicatori e dei segnali numerici presenti nella cabina di pilotaggio e del loro funzionamento.

**HEISLER PARK, LAGUNA BEACH, CALIFORNIA - APRILE 2016**
**DJI PHANTOM 4**

Panorama HDR da 115 immagini. Pano e HDR realizzati in Lightroom CC. Post-produzione in Photoshop CC.

In questo capitolo utilizzeremo un approccio simile. Leggete con attenzione e applicate ciò che apprendete per diventare dei piloti esperti. Non parleremo della telecamera e di come inquadrare gli scatti: quella è la fase successiva. Innanzitutto voglio che vi applichiate per diventare dei piloti esperti. Prima di iniziare a riprendere è necessario che abbiate il pieno controllo del velivolo e che siate sicuri di aver compreso tutte le sue funzionalità. Questo è un capitolo "metti la cera, togli la cera", perché dovete strutturare delle solide competenze che renderanno migliori le vostre fotografie e i vostri video rispetto a quelle di chi inizia a volare senza aver costruito concrete abilità.

# CONTROLLI PRE-VOLO

**PRIMA DI LIBRARCI IN CIELO** dobbiamo verificare alcune cose, altrimenti il nostro volo potrebbe essere più breve di quanto avremmo voluto.

- **Posizione:** per il decollo serve un'ampia area libera. Non pensate solo al decollo, ma assicuratevi anche che ci sia un'area sufficientemente ampia per l'atterraggio in sicurezza: libera da persone, animali, alberi e da oggetti metallici che potrebbero causare interferenze con la bussola. Il punto di decollo sarà anche il punto di rientro di emergenza alla base. Ecco una buona regola generale: se improvvisamente il controller dovesse smettere di funzionare, l'area sarebbe sufficientemente sgombra per un rientro e un atterraggio automatizzati? Oppure durante l'avvicinamento il drone rischierebbe di colpire un albero o dei cavi elettrici?
- **Condizioni meteo:** per volare in sicurezza, assicuratevi che non ci sia troppo vento. Io sconsiglio il volo in caso di pioggia o nebbia fitta. L'acqua non fa bene agli apparati elettronici, ed è importante avere una buona visibilità per mantenere il contatto visivo con il drone. Controllate con l'app di non essere troppo vicini a un aeroporto o a uno spazio aereo soggetto a limitazioni.
- **Batterie:** assicuratevi che siano completamente cariche. Controllate le batterie del controller, del monitor/dispositivo mobile e del velivolo. Verificate che siano in buone condizioni e prive di rigonfiamenti o danni visibili. Se le batterie non sono in perfette condizioni, non utilizzatele. Le batterie sono costose, ma non tanto quanto la sostituzione di un intero velivolo.
- **Danni:** assicuratevi che l'attrezzatura non presenti danni visibili, quali eliche scheggiate e sottili fenditure sul guscio del velivolo. Le eliche scheggiate o piegate influiscono sull'equilibrio e possono provocare vibrazioni che si tradurranno in continui sobbalzi della telecamera, con conseguenti foto mosse e video con effetto "Jello" (video con immagini mosse e deformate, come un budino di gelatina quando viene scosso).
- **Assicuratevi che tutti gli elementi siano in ordine e ben fissati, in particolare le eliche.** Controllate che non ci siano elementi allentati che possano staccarsi e precipitare. Cadendo, potrebbero ferire qualcuno.

- **Avete caricato l'ultima versione di firmware?** I prodotti DJI e 3DR Solo vi comunicheranno tramite lo schermo se è disponibile una versione più recente del firmware, che è il software che gestisce la comunicazione tra il computer interno al drone e l'attrezzatura.
- **L'IMU (*Inertial Measurement Unit*, unità di misurazione inerziale) e la bussola funzionano correttamente?** Se così non fosse, vedrete apparire un avviso sullo schermo: in questo caso, potrete effettuare una calibrazione con l'app. In genere vedrete apparire un bel messaggio verde sullo schermo: "Safe to fly" (**Figura 3.1**).

3.1

Ora siete pronti per calibrare la bussola. Leggete il box "Danza di calibrazione della bussola".

A ogni cambio di batterie verificate quanto segue.

- Se volate in modalità GPS, il segnale satellitare deve essere solidamente e stabilmente agganciato, come indicato dalle luci verdi che lampeggiano lentamente. Se invece volate in interni, modificate le impostazioni in modalità Attitude.
- Assicuratevi che nella telecamera ci sia una scheda di memoria e che sia inserita correttamente. Volare fino al punto in cui si desidera effettuare le riprese e scoprire che la scheda di memoria non è presente nella telecamera o è inserita in modo scorretto è piuttosto fastidioso e imbarazzante. Di norma porto con me diverse schede di memoria. Cambio la scheda ogni volta che sostituisco la batteria e la formatto: in questo modo mi accerto che funzioni e sia pronta a registrare. Cambiando la scheda di memoria riduco anche il rischio di perdere tutte le riprese della giornata se qualcosa dovesse andare storto.

## DANZA DI CALIBRAZIONE DELLA BUSSOLA

Calibrare la bussola digitale del drone è importante per avere la certezza che registri correttamente la vostra posizione. È vitale, dato che è lo strumento che imposta il punto di "rientro alla base" in caso di emergenza. Inoltre, un corretto funzionamento della bussola è fondamentale anche per la telemetria. Alcuni ipotizzano che l'assenza di calibrazione della bussola possa far volare via il drone senza controllo. Non è necessario calibrare a ogni cambio di batteria fra un volo e l'altro, ma è consigliato eseguire la calibrazione della bussola prima di volare, dopo aver trasportato il drone in una posizione diversa. La calibrazione si effettua eseguendo quella che viene chiamata affettuosamente danza di calibrazione. Sappiate che ci sono state anche gare di danza di calibrazione! Lo scopo della danza è ruotare la bussola di 360 gradi in orizzontale e in verticale, assicurandosi di essere in un'area priva di interferenze elettriche o radio e lontano da grandi strutture metalliche. Assicuratevi anche di effettuarla in esterni: in interni non è possibile farlo. Controllate anche di non avere in tasca oggetti ferromagnetici, come le chiavi dell'automobile o il telefono.

1. Avviate la modalità di calibrazione. Premete il pulsante Calibration sull'app oppure, sui droni DJI, spostate avanti e indietro rapidamente per cinque volte l'interruttore GPS. Le luci di stato diventeranno gialle e fisse per comunicarvi che avete attivato con successo la modalità di calibrazione.

2. Tenete il drone orizzontale e ruotatelo di 360 gradi in senso orario. Le spie luminose diverranno fisse di colore verde.

3. Inclinate il drone in modo che sia rivolto verso il basso, con le batterie contro di voi. Ruotate di 360 gradi fino a che non vedete le luci intermittenti di colore verde, che indicano che la calibrazione è stata effettuata correttamente.

Se le luci diventano arancioni e rosse, la calibrazione è fallita. Ripetete il procedimento. Potrebbe essere necessario spostarsi in una zona diversa, libera da interferenze o da ostacoli che potrebbero schermarvi dai satelliti. Se le luci diventano rosse, potrebbe essere necessario eseguire una calibrazione software della bussola. In questo caso, utilizzate l'opzione di calibrazione della bussola dell'app, eseguite una calibrazione completa e infine ripetete la danza.

**3.2** La danza di calibrazione.

# APP FPV

**DI NORMA UN DRONE CON TELECAMERA È COMPOSTO DA DUE ELEMENTI.** Il primo è l'hardware: il drone e il controller. Alcuni controller hanno uno schermo integrato, ma la maggior parte sono BYOD (*Bring Your Own Device*, Collega il tuo dispositivo) e potrete collegarli al vostro smartphone o al tablet. Sullo schermo vedrete l'app in esecuzione. Questo è il software che vi permette di visualizzare ciò che il drone sta inquadrando. Viene chiamato FPV (*First Person View*), ovvero vista in prima persona, o in soggettiva.

Sovrapposta all'immagine dello schermo vedrete anche la telemetria. Sono informazioni importanti, come la quota e la velocità. Alcuni strumenti mostrano mappe interattive che vi aiutano a sapere dove state volando. Un altro dato importante della telemetria è l'indicatore del carburante, ovvero l'indicatore di stato della batteria. È fondamentale tenerlo d'occhio e prepararsi ad atterrare quando le batterie raggiungono un livello intorno al 30 per cento.

Diverse app forniscono informazioni aggiuntive e menu per attività come la calibrazione e le impostazioni generali.

Dato che esistono molti tipi di droni e le app mobile vengono aggiornate così spesso, non entrerò nei dettagli di nessuna specifica app. Per informazioni sulle specifiche app, consultate il manuale utente del produttore, i tutorial dedicati e il sito web. Imparate a conoscere le diverse caratteristiche e il loro funzionamento. Date anche un'occhiata ai video di PhotoshopCAFE.com per tutorial specifici.

# CONTROLLI DI BASE

## Controller

Anche se esistono diversi tipi di controlli, tutti condividono gli stessi comandi di base. Di solito ci sono due joystick. La maggior parte dei controller è configurabile, in modo da poterli impostare adattandoli alle proprie esigenze.

Ci sono alcuni termini aeronautici che dovete conoscere:

- imbardata (*yaw*): movimento rotatorio o giro;
- rollio (*roll*): movimento laterale;
- beccheggio (*pitch*): movimento in avanti o indietro.

Il joystick sinistro (d'ora in avanti denominato anche JS) controlla l'elevazione e l'imbardata. Il joystick destro (d'ora in avanti denominato anche JD) controlla i movimenti orizzontali: rollio e beccheggio. Iniziamo a esaminarli.

La prima cosa che dovete fare è salire alla quota desiderata, spingendo il JS in avanti. Più lo spingete, più velocemente si muoverà il drone. Di solito, quando si inizia è meglio partire piano e con calma.

Una volta raggiunta una quota di sicurezza, al di sopra delle teste delle persone e degli ostacoli, ma non troppo in alto, potete fare pratica facendo muovere il vostro drone. Un buon suggerimento è concentrarsi prima sul JD. Usate il JS per raggiungere la quota desiderata, quindi smettete di toccarlo e fate pratica muovendo il velivolo in avanti, indietro, a sinistra e a destra usando il JD.

Per il momento vi suggerisco di non imbardare. Il motivo è che la direzione dei movimenti si basa sull'orientamento del muso del velivolo e non sulla vostra posizione. Quindi, se ruotate il velivolo di 180 gradi, i controlli funzioneranno al contrario. Non allarmatevi, però: col tempo vi abituerete.

Ecco alcuni esercizi che vi aiuteranno a diventare un pilota esperto. Una volta che sarete in grado di eseguire con facilità tutte queste manovre con il muso del velivolo orientato lontano da voi, farete ruotare il velivolo in modo da orientarlo nella vostra direzione e ripeterete gli esercizi da capo. Se sarete in grado di eseguire con precisione tutti gli esercizi in entrambi i modi, avrete un buon controllo del velivolo e sarete pronti a qualsiasi situazione. Non imparerete tutto ciò in un pomeriggio: per diventare davvero abili ci vogliono mesi di pratica, quindi siate pazienti e prendetela con molta calma.

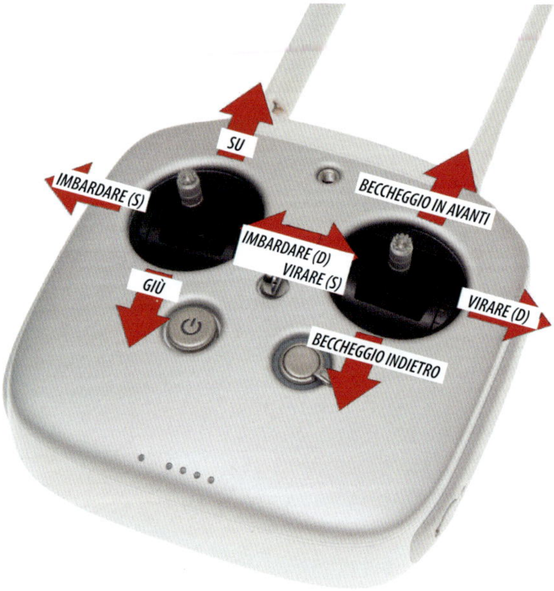


3.3 Movimento.

# DODICI ESERCIZI PER VOLARE COME UN MAESTRO

**QUI INIZIANO LE COSE INTERESSANTI.** Questi esercizi sono progettati per farvi diventare un pilota esperto, in grado di controllare pienamente il vostro velivolo e di volare con sicurezza ovunque. Eseguiteli lentamente, uno alla volta. Finché non vi sentirete a vostro agio con l'esercizio corrente, non passate al successivo. Le competenze si sviluppano progressivamente. Per eseguire questi esercizi trovate uno spazio ampio e libero.

### 1. DECOLLARE, STAZIONARE, ATTERRARE

Questo esercizio vi permetterà di prendere confidenza con i joystick e con il velivolo. Assicuratevi di essere in sopravvento: se una raffica di vento dovesse soffiare sul drone, questo cadrà lontano da voi. Avviate i motori, salite a una quota relativamente bassa e fate stazionare il drone per qualche istante. Modificate la quota un po' di volte, quindi atterrate dolcemente. Congratulazioni per il vostro primo volo (**Figura 3.4**).

### 2. LINEA RETTA

Volate in linea retta allontanandovi dalla posizione iniziale spingendo in avanti il JD. Stazionate sulla posizione scelta, quindi volate all'indietro lungo la stessa linea tirando il JD verso di voi. Atterrate (**Figura 3.5**).

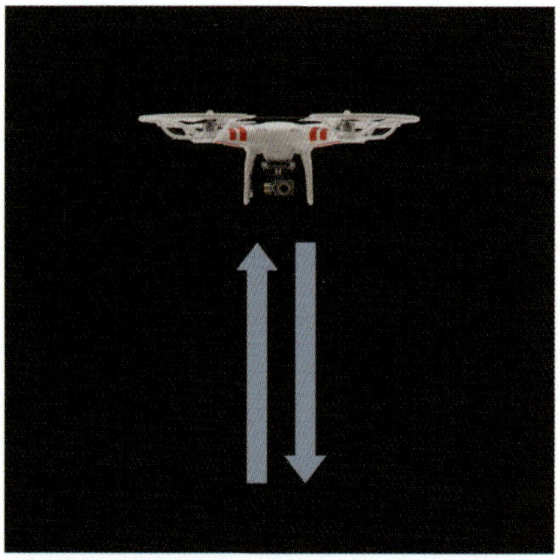

3.4

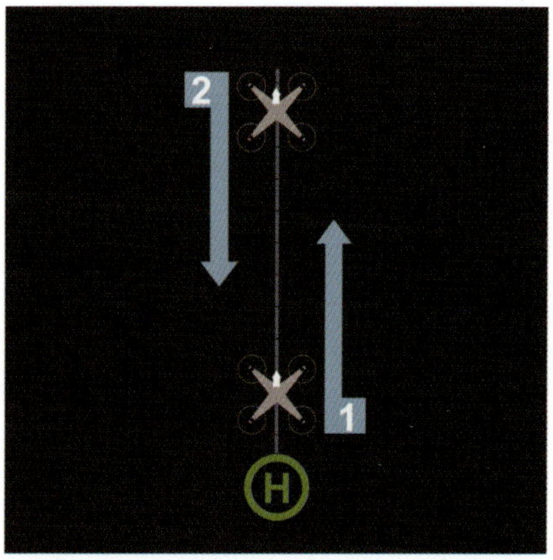


3.5

### 3. QUADRATO

Volate descrivendo un quadrato, usando solo il joystick destro.

Volate in linea retta allontanandovi dal punto di partenza, come nell'esercizio precedente. Fermatevi e stazionate. Spingete il JD verso sinistra descrivendo una linea retta parallela alla vostra posizione. Fermatevi. Volate all'indietro verso di voi in linea retta e infine spingete il JD verso destra per completare il quadrato (**Figura 3.6**). Questo vi permetterà di esercitarvi sul movimento in diverse direzioni. Se il drone iniziasse a ruotare leggermente, compensate con il JD. Per il momento resistete all'impulso di imbardare.

### 4. CERCHIO

Ora inizierete ad acquisire una maggiore confidenza con il JD con una forma più libera. Invece che descrivere un quadrato, questa volta volate in cerchio in senso antiorario davanti a voi, usando il JD. Fate con calma. Se avete dei problemi, lasciate che il joystick torni in posizione neutra e stazionate finché non siete pronti per continuare (**Figura 3.7**). Questo esercizio inizierà a darvi un'idea concreta delle potenzialità del vostro drone, e per ottenere un bel cerchio regolare potrebbe richiedere un po' di pratica. Provate a descrivere cerchi grandi e piccoli.

### 5. NUMERO 8

Questo esercizio sarà un po' difficile all'inizio, ma se siete arrivati fin qui avete iniziato ad acquisire alcune competenze di base. Volate allontanandovi dalla vostra posizione e descrivendo un ampio cerchio in senso antiorario; una volta completato mezzo cerchio, cambiate direzione, come per disegnare una lettera S. Quando avrete completato la S, continuate fino a chiudere il cerchio e quindi passate a creare un 8 (**Figura 3.8**). Continuate a esercitarvi sulla forma a 8 finché non sarete perfettamente a vostro agio e riuscirete a descriverla sia stretta che larga, precisa e regolare. Ora iniziate davvero a sviluppare delle effettive competenze.

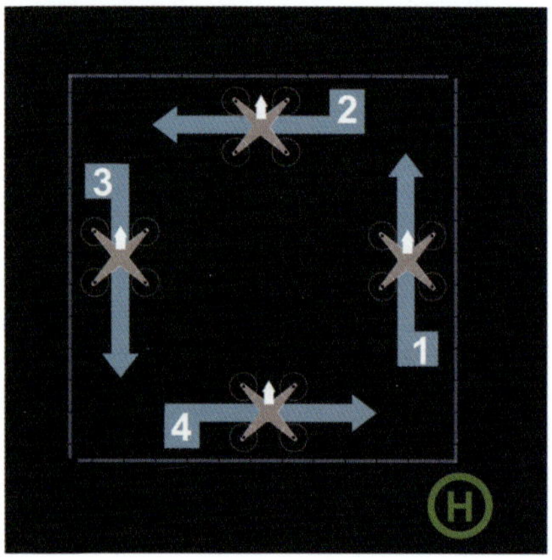


3.6

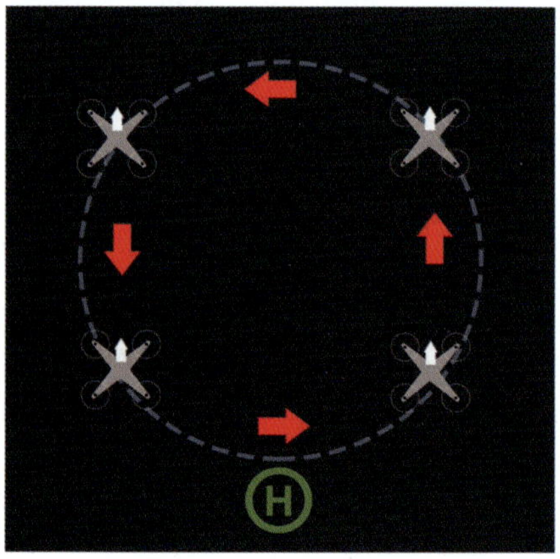


3.7

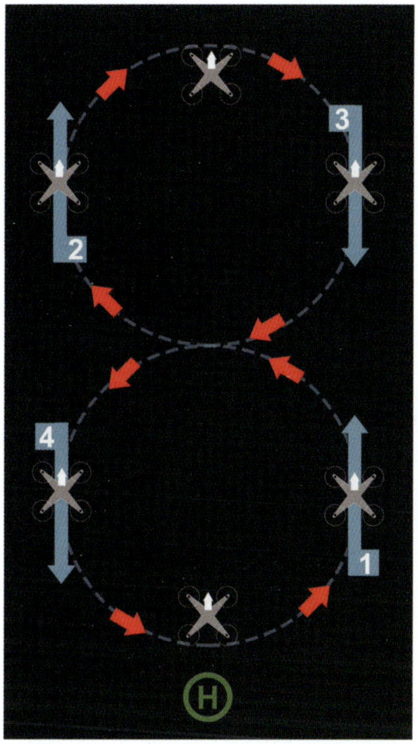


3.8

## È il momento di imbardare

Una volta che vi muovete agevolmente e con facilità, potete iniziare a sperimentare con il joystick sinistro il controllo dell'imbardata. È un po' come imparare a suonare la batteria: è necessaria una certa coordinazione. Per prima cosa si impara a percuotere i tamburi con le bacchette (JD), quindi si aggiunge la cassa (JS).

Potete far volare il vostro velivolo ovunque senza imbardare, ma l'imbardata sarà importante per definire l'orientamento della telecamera. Mantenere il giusto orientamento guardando lo schermo o attraverso il visore FPV è facile, in particolare se avete esperienza con i videogiochi. Quando invece volate con il controllo a vista (che in questa fase vi suggerisco), immaginate di guardare dal muso del drone e pilotate sempre da questa prospettiva. Col tempo svilupperete un'adeguata memoria procedurale.

Stazionate un paio di metri di fronte a voi ed esercitatevi a muovere il JS verso destra e verso sinistra. Spingendolo verso sinistra, il drone ruoterà (imbarderà) a sinistra. Spingendo il JS verso destra, il drone ruoterà a destra (in senso orario). Continuate a farlo ruotare fino a quando controllerete agevolmente la direzione in cui il velivolo sta girando.

### 6. QUADRATO CON MUSO IN AVANTI

Stiamo per volare descrivendo nuovamente un quadrato, come nell'esercizio 3. Tuttavia, questa volta voleremo tenendo il muso (e la telecamera) sempre in avanti, nella direzione di volo. Volate allontanandovi come al solito; ora, quando stazionate in lontananza rispetto alla vostra posizione, fate imbardare il velivolo di 90 gradi a sinistra. Volate in linea retta spingendo il JD verso sinistra. Questa è la prima volta che volate con un orientamento diverso, quindi all'inizio potrebbe apparire un po' strano. Fermatevi, stazionate e ruotate di altri 90 gradi verso sinistra, fino a quando il muso del drone è rivolto verso di voi. Siete diretti nella direzione opposta al primo tratto e dovete percorrerla spingendo il JD in avanti. Volete che il velivolo proceda con il muso in avanti, e spingendo il JD in avanti muoverete sempre il drone nella direzione in cui il muso è orientato, indipendentemente da quale essa sia. Potete riuscirci istintivamente, oppure può sembrarvi impossibile. Non arrendetevi: effettuate movimenti lenti e leggeri e con il tempo e l'esercizio ce la farete. Ruotate di nuovo di 90 gradi a sinistra e procedete fino a chiudere il quadrato (**Figura 3.9**).

### 7. CERCHIO CON MUSO IN AVANTI

Voliamo nuovamente in cerchio. Questa volta però vogliamo tenere il muso costantemente puntato in avanti. In sostanza, spingerete il JD in avanti per procedere, e ruoterete spingendo a sinistra e a destra il JS. Volate descrivendo un cerchio completo in senso antiorario (**Figura 3.10**). Cercate di mantenere con il JD una velocità costante mantenendo il JS leggermente spostato a sinistra. Esercitatevi con cerchi di differenti diametri e con diverse velocità.

### 8. NUMERO 8 CON MUSO IN AVANTI

Questo esercizio è simile al precedente, ma a metà percorso cambierete direzione con il JS per descrivere un 8 con il muso sempre orientato in avanti (**Figura 3.11**). Questo contribuirà decisamente a migliorare le vostre competenze nell'utilizzo del JS. Congratulazioni per aver fatto così tanti progressi. Iniziate a capire come funziona. Continuate a esercitarvi finché non eseguirete agevolmente questo esercizio.

### 9. ATTERRARE IN UN CERCHIO

Questo è un ottimo esercizio per imparare a valutare le distanze. Non è facile come potreste pensare. Capirete che è davvero difficile valutare quanto è distante il vostro drone e dove è effettivamente posizionato rispetto al terreno. Quando è in volo, alto nel cielo, non ci sono riferimenti di scala o per valutare la distanza. Ecco per voi un esercizio divertente per imparare a collocare meglio il vostro drone in uno spazio tridimensionale. Prendete un hula-hoop o un pezzo di corda e fate un cerchio. Allontanatevi poi a una certa distanza, volate con il drone sopra il cerchio e cercate di atterrare al suo interno. Decollate e tornate alla base. Se potete, disegnate diversi cerchi e cercate di atterrare all'interno di ognuno di essi (**Figura 3.12**).

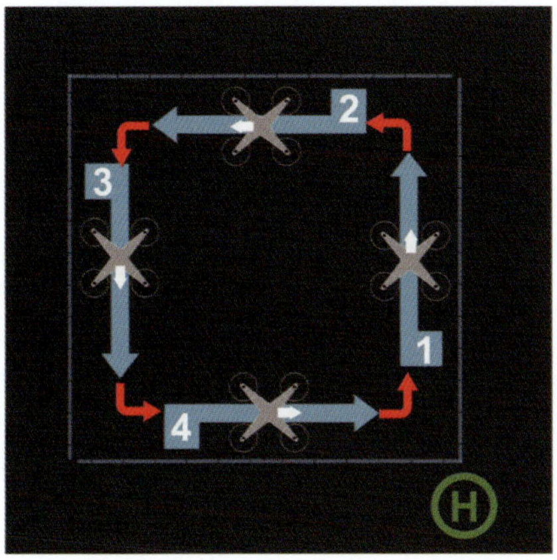


3.9

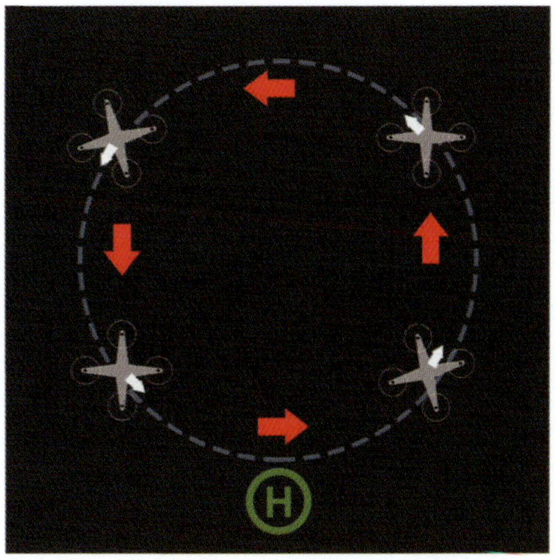


3.10

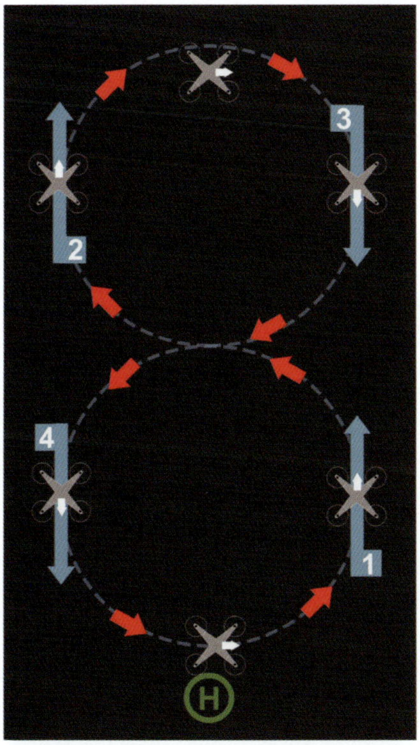


3.11

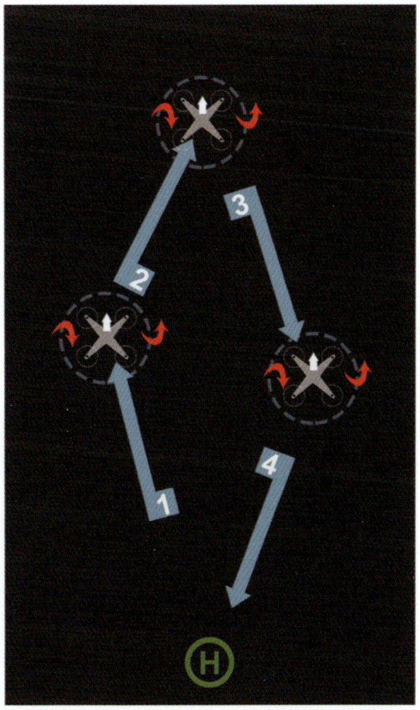


3.12

## Esercizi di inquadratura

Una delle competenze che dovrete possedere è mantenere il soggetto inquadrato (per le fotografie fisse) o all'interno dell'inquadratura (durante le riprese video). Realizzare un bel movimento scorrevole con il drone è inutile se non riuscite a mantenere il soggetto nell'inquadratura.

### 10. ORBITA

Questo esercizio è molto simile al cerchio, con un'unica differenza. Collocate un oggetto al centro del cerchio che intendete descrivere in volo. Ora esercitatevi a volare intorno all'oggetto (a orbitare) mantenendo la telecamera costantemente puntata verso l'oggetto. Controllerete la velocità e il movimento laterale con il JD, spingendolo a sinistra o a destra. Userete il JS per ruotare. Se mantenete il soggetto al centro dell'inquadratura, potete girargli intorno descrivendo cerchi completi (**Figura 3.13**). Provate a realizzare movimenti il più possibile morbidi, apportando leggere correzioni. Più i movimenti sono morbidi e migliori saranno le riprese video.

### 11. SOGGETTO IN MOVIMENTO

Ora affrontiamo un volo molto avanzato. Proviamo a orbitare intorno a un soggetto in movimento. Come soggetto potreste usare il velivolo di un amico, oppure seguire (chiedendo il permesso) un oggetto in movimento lento in uno spazio molto ampio. Non cercate di imparare questa tecnica con una persona in movimento: se doveste sbattergli contro, la ferireste. Seguendo il soggetto in movimento, assicuratevi di essere sufficientemente lontani in modo da non rischiare una collisione. Ricordate che in questo caso l'obiettivo è mantenere il soggetto inquadrato, e non cercare di avvicinarsi a esso il più possibile (**Figura 3.14**).

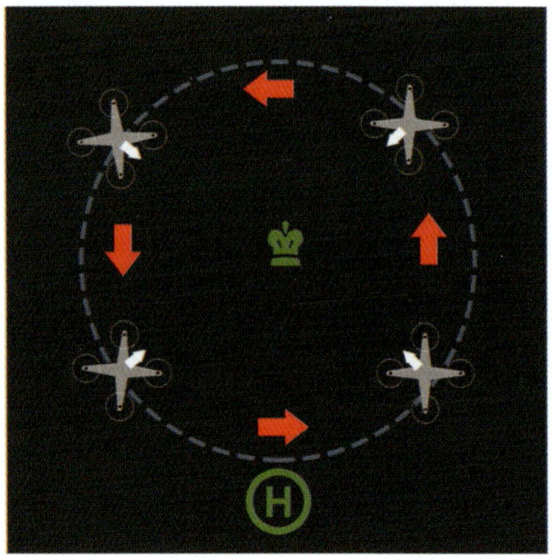


3.13

3.14

### 12. SALIRE DI QUOTA E INCLINARE LA TELECAMERA

Questo esercizio è dedicato solo ai droni che hanno la possibilità di inclinare la telecamera, che oggi sono la maggior parte. L'obiettivo dell'esercizio è innalzare lentamente il drone inclinando nello stesso tempo il gimbal per mantenere il soggetto al centro dell'inquadratura. L'obiettivo è ottenere un movimento morbido e uniforme del velivolo e contemporaneamente un'inclinazione morbida e di pari velocità del gimbal.

Non è facile come potrebbe sembrare: riuscire a mantenere visibile il soggetto al centro dell'inquadratura per tutto il tempo senza far percepire il movimento richiede molto esercizio e anche un po' di coordinazione. Di solito appiattisco i palmi sui lati del controller sfiorando appena con il pollice il JS. Posiziono poi il dito medio o l'anulare della stessa mano sulla leva di controllo del gimbal. A questo punto è una questione di equilibrio di gesti e di micromovimenti. Se volete una sfida ancora più ardua, provate nello stesso tempo ad avvicinarvi o ad allontanarvi dal soggetto usando il JD. Questo esercizio vi aiuterà a creare un vero legame con il vostro velivolo e a "sentire" davvero i suoi movimenti (**Figura 3.15**).

3.15

## Maestro della manovra

Una volta che avrete completato tutti questi esercizi eseguendoli agevolmente sarete un maestro della manovra. Vi sarà chiaro che scorrere questo elenco provando ogni esercizio un paio di volte non vi condurrà a tale risultato. Dovrete ripetere gli esercizi più e più volte, fino a che non vi riusciranno spontanei. Una volta raggiunto questo livello e che sarete in grado di volare tranquillamente senza pensieri, potrete affrontare qualsiasi sfida relativa alle riprese con grande sicurezza in voi stessi. Ricordatevi di non avere fretta. Non avete bisogno di volare veloci: la maggior parte degli scatti e delle riprese richiede un volo lento e regolare.

# MODALITÀ DI VOLO AVANZATE

**FINO A QUESTO MOMENTO ABBIAMO VOLATO IN MODALITÀ STANDARD,** nella quale il muso del velivolo è sempre rivolto in avanti, indipendentemente dalla direzione in cui il drone sta volando. Ora vedremo qualcosa di completamente diverso. Alcuni droni dispongono di modalità di volo avanzato, progettate per aiutarvi a volare più facilmente e che vi permettono di fare svariate cose. Non provate a utilizzarle finché non avrete sufficiente dimestichezza con la modalità di volo standard. Vediamo ora alcune delle varie modalità di volo.

## GPS Assist

Chiamata a volte modalità GPS (*Global Positioning System*), è la modalità che utilizzerete più spesso. In modalità GPS userete i satelliti per farvi supportare nella stabilizzazione e nel posizionamento: ecco il motivo per cui è così facile pilotare questi piccoli droni. Iniziate agganciando diversi satelliti GPS gestiti dal governo degli Stati Uniti. Alcuni droni vi permettono anche di usare GLONASS (*Global Navigation Satellite System*), una rete di satelliti russi. Attualmente questi sono gli unici due sistemi con copertura globale; per ottenere un posizionamento preciso è necessario collegarsi ad almeno quattro satelliti.

I satelliti GPS supportano le operazioni di volo perché vi aiutano a stazionare in posizione neutralizzando altre forze, come il vento, e riducono la deriva. Se lasciate andare i controlli, il GPS si occupa di frenare in volo. Senza il GPS otterreste un effetto "palla da biliardo": il velivolo si arresterebbe lentamente anziché bloccarsi subito. Il GPS mantiene il drone stabile e fermo mentre scattate le foto o effettuate riprese video in posizione di stazionamento.

Il GPS definisce anche il punto di partenza, utile per il rientro di emergenza alla base (RTH). Se la connessione tra il controller e il drone si interrompe, il veicolo tornerà automaticamente al punto di partenza. Ciò può accadere in caso di esaurimento delle batterie, di guasto dell'attrezzatura o perché inciampando avete fatto cadere in mare il controller. Sapere che esiste l'opzione RTH rende più tranquilli.

L'RTH è collegato anche al livello di carica delle batterie. Anziché semplicemente precipitare quando il livello delle batterie è basso, molti velivoli attivano la modalità RTH o addirittura l'atterraggio automatico.

## ATTI

La modalità Attitudine, o ATTI, si basa sui sensori dell'IMU (unità di misurazione inerziale) integrata nel drone anziché sul GPS. L'IMU utilizza accelerometri (che rilevano il movimento) e giroscopi (che mantengono la posizione verticale). Quando si vola in interni o in esterni in condizioni di cielo molto coperto, è meglio usare la modalità ATTI, poiché è difficile ottenere segnali satellitari chiari e agganciare un segnale anomalo potrebbe provocare irregolarità nel volo e una collisione. Alcuni droni sono dotati di sensori di posizionamento visivo, che rilevano il terreno e aiutano a mantenere la stabilità durante il volo in modalità ATTI.

Alcune persone che effettuano riprese video preferiscono volare in modalità ATTI proprio a causa della morbidezza della deriva, dato che a volte le correzioni del GPS possono generare movimenti meno fluidi. Altre preferiscono passare alla modalità ATTI per volare veloci per puro divertimento. Senza il freno del satellite, infatti, in modalità ATTI è possibile raggiungere velocità più elevate.

## Blocco orientamento

La modalità Blocco orientamento (Course Lock) è un'opzione interessante. Gestisce la direzione del percorso come una linea retta, indipendentemente dall'orientamento del muso. Voi impostate il punto di partenza e la direzione iniziale. Volando in avanti, il drone continuerà a seguire quella direzione. Se lo fate ruotare, la direzione di avanzamento sarà ancora la stessa linea retta. Finché il JD continuerà a essere spinto in avanti, il drone continuerà a volare in linea retta, indipendentemente dall'orientamento del muso. È la modalità ideale per le riprese a volo radente: si vola in linea retta parallelamente al soggetto. Quando si è vicini al soggetto, imbardando si può mantenere la telecamera costantemente sul bersaglio senza curvare (**Figura 3.16**).

3.16

## Blocco posizione iniziale

In modalità Blocco posizione iniziale (Home Lock), tirando verso di voi il JD il drone volerà nella vostra direzione, indipendentemente dalla direzione nella quale stava procedendo. Spingendo il JD, il velivolo si allontanerà da voi. Il Blocco posizione iniziale è interessante perché mentre il drone sta tornando verso di voi potete imbardare la telecamera creando l'impressione di guardare fuori dal finestrino di un aereo in volo. Inoltre ha il vantaggio di riportare il velivolo verso di voi nel caso in cui non sappiate la sua posizione. Dovete semplicemente tirare il joystick verso di voi e attendere il dolce rumore delle eliche del figlio perduto che ritorna a casa (**Figura 3.17**).

3.17

# VOLO ASSISTITO E VOLO ROBOTIZZATO

**MOLTI TRA I DRONI PIÙ MODERNI** possiedono funzioni che permettono di farli volare autonomamente. In questo campo il leader è 3DR, con gli Smart Shots e le modalità di volo intelligente di DJI. Ciò che rende davvero utili queste modalità è la morbidezza e l'efficienza dei movimenti. Quando programmate il drone per volare lungo un percorso a una velocità predefinita, la velocità sarà più coerente di quella che un pilota umano potrebbe gestire; lungo il percorso gli umani effettuano rapide correzioni che nei video sono visibili, specialmente se il video è accelerato. Qui di seguito elenco i programmi più diffusi in questo momento, ma ne verranno realizzati sempre di più.

L'ultimo DJI Phantom 4 e lo Yuneek Typhoon hanno nuovi sensori rivolti in avanti che li aiutano a evitare collisioni con eventuali oggetti. Questa funzione è chiamata rilevamento degli ostacoli, e consente loro di fermarsi o girare intorno agli oggetti che vengono individuati sulla traiettoria di volo, rendendo il volo autonomo molto più sicuro. Nel prossimo futuro, tutti i droni saranno dotati di questa tecnologia, o di una ancora migliore.

I sensori anteriori vengono utilizzati anche per il cosiddetto rilevamento degli oggetti, che consente al velivolo di identificare e seguire un oggetto e di filmarlo. Gli appassionati di sport d'azione troveranno preziosa questa funzionalità, e lo sarà sempre di più con l'evolversi della tecnologia.

## POI/Orbita

(DJI/3DR) Si tratta dello stesso esercizio di orbita con cui ci siamo esercitati nel paragrafo precedente. Trovate un punto di interesse, quindi impostate la distanza dal POI (*Point Of Interest*) e la quota. Impostate anche la velocità con cui il drone girerà in cerchio, sia in senso orario che in senso antiorario, con la telecamera costantemente indirizzata verso il soggetto. Il risultato sarà migliore rispetto al pilotaggio manuale, soprattutto se si sta cercando di eseguire un'orbita intorno a un soggetto in movimento come una barca.

## Selfie

(3DR) La telecamera è puntata verso di voi mentre il drone si allontana tenendovi al centro dell'inquadratura. Si tratta di un'ottima ripresa rivelatrice, che parte dalla persona per poi ampliare l'inquadratura rivelandone la posizione. Provatela anche in senso contrario, con la telecamera che vola in direzione del soggetto.

## Cable Cam/Waypoint

Volate lungo un percorso predeterminato, registrando una serie di punti lungo il percorso stesso. Sarà poi possibile far riprodurre questo percorso al drone in modo autonomo. È anche possibile impostare l'angolazione e la direzione della telecamera per facilitare le riprese.

### Seguimi

Come suggerisce il nome, il drone e la telecamera seguiranno l'operatore. È una funzione utile per le riprese sportive e per gli inseguimenti. In realtà il drone non insegue il soggetto (a meno che non usiate la funzione SmartTrack di DJI); segue piuttosto il controller/dispositivo mobile collegato al controller. Con un DJI utilizzate un dispositivo con funzionalità GPS, non un iPad solo Wi-Fi.

## DECOLLO E ATTERRAGGIO

**PER FAR VOLARE IL VOSTRO DRONE** dovete decollare. Per recuperarlo dovete atterrare. Per farlo ci sono tre diversi modi.

### Decollo e atterraggio automatici

Molti controller e droni permettono di attivare un decollo automatico: il drone salirà a una quota predeterminata e stazionerà, attendendo le vostre istruzioni. Dispongono anche di una funzione di atterraggio automatico, grazie alla quale voi condurrete il drone in un punto di atterraggio e lui atterrerà autonomamente e spegnerà i motori. Questo è un ottimo metodo per i principianti, perché si sostituisce al pilota e riduce al minimo il rischio di ribaltamento.

### Decollo e atterraggio manuali

In questo caso avvierete i motori (facendoli girare per l'elevazione di quota), quindi spingerete in avanti il JS per decollare. Al momento dell'atterraggio scenderete lentamente di quota usando il JS (sull'Inspire 1 assicuratevi che il carrello di atterraggio sia abbassato). Quando sarete abbastanza bassi perché il vento generato dalle eliche rimbalzi sul terreno spingendo il drone verso l'alto, noterete quello che si chiama effetto suolo. Fate atterrare dolcemente il velivolo e spegnete i motori. Sul DJI Phantom tirate il JS verso il basso finché le eliche non smettono di girare. In questo modo eviterete il ribaltamento che potrebbe verificarsi tirando entrambi i joystick verso il centro e in basso, perché in questo caso il drone prima di spegnersi si solleverà leggermente.

### Decollo in palmo di mano e atterraggio con cattura al volo

Dichiarazione di non responsabilità: questa è una metodica avanzata, non consigliata per i principianti. Quando si ricorre a questo metodo bisogna usare estrema cautela perché è pericoloso. Effettuate questa manovra a vostro rischio e pericolo. Nelle situazioni in cui non è possibile trovare un'area piana per il decollo e l'atterraggio, per esempio su rocce sdrucciolevoli, in montagna, sulla sabbia, su barche in movimento e così via, è possibile decollare e atterrare in palmo di mano.

**3.18** Decollo e atterraggio manuali, spazio ampio e libero.

È un metodo che uso frequentemente quando volo sulle spiagge o decollo da una barca. Lo faccio solo con il Phantom; *non* tentate di farlo con un Inspire 1. Tenete saldamente il drone per il lato del pattino sopra la vostra testa. Con la mano ben lontana dalle eliche, avviate i motori. Muovete la mano verso l'alto continuando a tenere il drone. Quando sentite il drone tirare la vostra mano verso l'alto, lasciate la presa e fatelo volare. Realizzo meno decolli in palmo di mano che atterraggi, perché i decolli sono più difficoltosi e perché in genere è più facile trovare un'area sufficientemente ampia per il decollo, mentre per l'atterraggio è meno semplice. Spesso il mio punto di decollo è il coperchio chiuso della valigia rigida GPC, che costituisce una buona piattaforma di lancio. Se c'è qualcuno che vi accompagna, fate tenere a lui il drone molto sopra la testa con entrambe le mani, una su ognuno dei pattini, e decollate così.

Rispetto al decollo, l'atterraggio in palmo di mano è abbastanza semplice. Assicuratevi di essere abbastanza distanti da altre persone, quindi fate avvicinare il drone e lasciatelo stazionare qualche metro davanti a voi, poco più in alto del livello degli occhi. Quando il drone è completamente stabilizzato, tenendo la mano sinistra sul controller e sul JS piegatevi un po', allungate completamente il braccio destro e avvicinatevi lentamente per afferrare saldamente il lato del pattino, facendo estrema attenzione a non avvicinarvi alle eliche. Quando avete saldamente afferrato il pattino, abbassate il JS e attendete che le eliche abbiano smesso di girare prima di avvicinarvi al drone. Con un po' di pratica questa manovra diventa abbastanza semplice, ma non sentitevi mai troppo sicuri e non fate le cose di fretta. Ho sempre eseguito queste manovre solo con i droni DJI Phantom, quindi non posso garantirne la sicurezza con altri tipi di droni. Un ultimo avvertimento: se c'è vento e il drone non è stabile, NON tentate un atterraggio o un decollo in palmo di mano. Non vale mai la pena mettere a rischio la propria sicurezza per una ripresa, qualsiasi essa sia.

**3.19** Un atterraggio in palmo di mano, a cui si ricorre quando non è disponibile una superficie ampia, piana e sgombra per atterrare.

## Quale tra tutti?

Ho visto persone discutere accalorandosi su quale fosse il modo giusto di decollare e atterrare. Si dovrebbe atterrare al suolo o in palmo di mano? Dipende. Se vi trovate su un'ampia e libera superficie piana di cemento non c'è motivo per cui non dovreste effettuare un decollo e un atterraggio manuale. Se siete preoccupati di introdurre sabbia nei motori, atterrate in palmo di mano. Se siete in una zona dove non ci sono le condizioni per un atterraggio al suolo, per esempio sugli scogli vicino al mare, procedete con un atterraggio in palmo di mano (solo con i Phantom e solo per piloti esperti). Non esiste un metodo giusto o sbagliato. Solo, non cercate di mettervi in mostra: è così che le persone si fanno male.

A questo punto avete concluso la scuola di volo. Non significa però che abbiate finito di imparare e migliorare, ma avete certamente acquisito buone competenze di volo. Ora che siete in grado di governare con sicurezza il vostro drone, è il momento di prendere il volo per realizzare magnifiche riprese video e splendide fotografie.

CAPITOLO 4

# SCATTARE FOTO CON I DRONI

**I DRONI SONO STATI CHIAMATI TREPPIEDI VOLANTI** e treppiedi nel cielo. In sostanza, si tratta di una fotocamera volante in grado di stazionare in una determinata posizione. Con l'attuale tecnologia dei droni, può essere un supporto molto stabile per realizzare fotografie. Una delle cose che ho notato a proposito della fotografia aerea con i droni è che le persone che li utilizzano per questo scopo all'inizio volano più in alto che possono. In questo non c'è nulla di sbagliato, e le prime volte è davvero entusiasmante. Quando si guarda attraverso la FPV e si vede il velivolo decollare per la prima volta, è una sensazione incredibile. Grazie alla vostra macchina volante vi state virtualmente librando in volo!

**MAIN BEACH, LAGUNA BEACH, CALIFORNIA - GENNAIO 2016**
**DJI ZENMUSE X5 CON OBIETTIVO 15MM DJI**

L'Inn at Laguna Beach al crepuscolo, poco prima dell'alba. Panorama HDR a 80 immagini. Pano e HDR realizzati in Lightroom CC. Post-produzione in Photoshop CC.

Permettetemi di raccontarvi un aneddoto sul mio stile di composizione aerea. Una delle cose che ho notato abbastanza presto è che realizzare riprese a 120 metri d'altezza è un po' come creare degli HDR eccessivi. Le prime volte è eccitante, ma quando passa la fase della novità iniziate a capire quanto alcune foto siano davvero pessime. Molto presto ho avuto un'illuminazione: le regole che si applicano alla fotografia tradizionale sono valide anche per la fotografia aerea. Con la mia reflex evito di scattare in cattive condizioni di luce: per quale ragione dovrei farlo con il mio drone?

Alcune regole relative alla fotografia esistono da molti anni mentre altre, grazie all'innovazione tecnologica, sono più recenti. Quando pilotate il vostro drone, in realtà state posizionando la vostra fotocamera. Invece delle due dimensioni a cui siete abituati, in avanti e indietro, ora avete a disposizione una terza dimensione: in alto. Potreste aver già imparato che salendo su una scala o piegandovi in basso cambierete la prospettiva aggiungendo interesse alle vostre fotografie. Immaginate cosa potete fare a 120 metri di quota.

Scoprirete che molte regole della fotografia, quando applicate, renderanno molto più belle le vostre immagini aeree. Alcune di queste regole hanno bisogno di essere modificate, altre violate. In rari casi, le regole non sono ancora state scritte. Si tratta della nostra opportunità per definire questa nuova frontiera. Nelle pagine seguenti mi sono preso la libertà di coniare nuovi termini. È un modo per chiarire alcuni di questi aspetti più nuovi e per aiutare tutti noi a capire e crescere insieme.

# LE REGOLE FONDAMENTALI DELLA FOTOGRAFIA

So che molte persone che pilotano i droni non hanno una formazione fotografica. Qui voglio parlare di alcune regole tradizionali della fotografia e quindi discutere come possono essere applicate alla fotografia aerea.

## Regola dei terzi per la composizione

Se collocate il soggetto al centro dell'inquadratura, nell'immagine non ci sarà tensione o movimento implicito e la foto tenderà a essere statica e molto noiosa. L'unica eccezione è quando si scatta consapevolmente per evidenziare la simmetria, come nella **Figura 4.1**.

Potete rendere una foto molto più interessante utilizzando la regola dei terzi. Dividete l'immagine in nove riquadri usando una griglia che divida l'inquadratura in terzi sia orizzontalmente che verticalmente. Questo metodo è precedente alla nascita della fotografia ed è utilizzato anche dai pittori su tela. Collocate l'oggetto di interesse in corrispondenza dei punti di incrocio delle linee che dividono l'immagine in terzi e lo renderete più interessante. Questa soluzione raggiunge il suo massimo effetto se il soggetto è rivolto verso il centro della foto, perché condurrà lo sguardo dello spettatore all'interno dell'immagine e solleciterà il suo interesse per un tempo più lungo.

**4.1**

**4.2** La griglia della regola dei terzi.

**4.3** Una fotografia divisa in terzi.

## COME SI APPLICA ALLA FOTOGRAFIA AEREA

Noterete che molte delle app aeree vi permetteranno di visualizzare sullo schermo la griglia della regola dei terzi per supportarvi nella composizione. Trovo le linee della griglia molto utili per diversi scopi, per esempio per assicurarmi che l'orizzonte sia in piano. Usate la regola dei terzi per inquadrare il cielo, il mare o altri elementi in uno dei terzi. Evitate di posizionare la linea dell'orizzonte al centro dell'immagine: cercate di collocarla in corrispondenza del terzo superiore. Se il cielo è la parte interessante dell'immagine, usatelo per occupare i due terzi superiori dell'immagine.

Le attuali fotocamere aeree sono in grado di scattare solo in formato orizzontale. Se desiderate un'immagine orientata verticalmente, potete crearla solo in due modi: il primo consiste nell'effettuare un ritaglio in post-produzione, il secondo nel creare un panorama unendo diverse fotografie per realizzare un orientamento differente.

**4.4** Il cielo è inquadrato nei due terzi superiori dell'immagine.

4.5 Una foto ritagliata in formato verticale.

4.6 Panorama verticale.

## Cambiate il punto di vista, cambiate la foto

Moltissime persone notano qualcosa di interessante e si fermano a fotografarlo. Si fermano nel punto in cui l'hanno notato e realizzano una buona foto. Per ottenere una foto eccezionale, esplorate angolazioni diverse. Muovetevi intorno al soggetto ed esplorate le sue diverse sfaccettature. Osservate come la sua relazione con lo sfondo si modifica man mano che vi spostate. Tenete d'occhio le modifiche dell'angolazione, così come l'illuminazione e i contrasti. Non siate pigri: fate uno sforzo in più e otterrete composizioni molto migliori. A volte l'angolazione originale è perfetta, ma nella maggior parte dei casi è possibile scoprire una posizione di ripresa migliore.

4.7 Osservate come cambia l'interazione tra gli edifici e le montagne e il cielo a diverse altitudini.

### COME SI APPLICA ALLA FOTOGRAFIA AEREA

Questa è la regola che più di tutte le altre si applica alla fotografia aerea. Avete l'opportunità di esplorare la maggior parte dei soggetti in orizzontale a 360 gradi e in verticale a 180 gradi. Quando scattate una foto aerea, prima cercate l'angolazione più interessante volando intorno al soggetto, quindi scegliete l'altitudine migliore. Per esempio, riprendendo un bel tramonto potete scegliere l'altezza che mostra al meglio le silhouette. Potete aggiungere contrasto facendo attenzione allo sfondo: cambiate la sua relazione con il soggetto volando più in alto, più in basso o più vicino.

I riflessi sull'acqua o sulle superfici di vetro possono essere sfruttati al meglio volando nella posizione perfetta. I riflessi rimbalzano sull'acqua o sul vetro con un angolo opposto a quello con cui colpiscono la superficie riflettente. È la legge ottica della riflessione (**Figura 4.8**). Il raggio di luce incidente (I) colpisce una superficie riflettente generando una riflessione. Immaginate una linea perpendicolare alla superficie riflettente: è la normale (N) dell'angolo di riflessione (R), che corrisponderà all'angolo del raggio incidente (I). Proprio come colpire una palla da biliardo facendola rimbalzare contro una sponda. Questa è la posizione perfetta per catturare (o evitare) un riflesso.

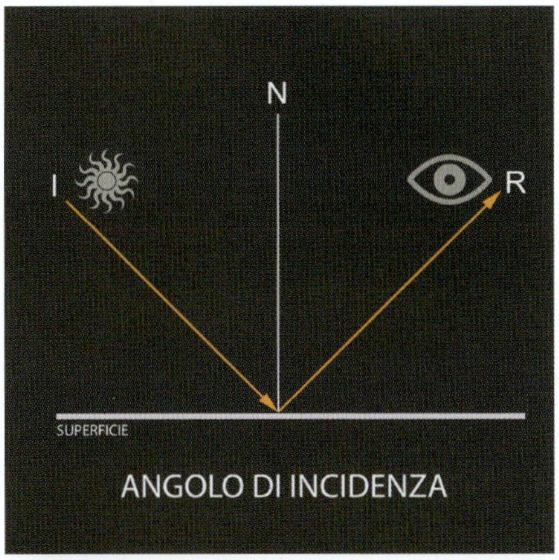


**4.8** La legge della riflessione.

**4.9A** Noterete che nella maggior parte dei casi quando fotografo un tramonto volo a bassa quota. Ciò mi consente di catturare la massima quantità di riflessi della luce del sole.

**4.9B**

## Provate a volare a una quota più bassa

Date un drone a una persona, e questa cercherà di volare più in alto possibile. Mettete la stessa persona su un elicottero e cercherà di volare più in basso possibile.

Volare fino al limite dei 120 metri e fotografare da lì è una tentazione forte, e a volte è anche l'opzione migliore. Quando però osservo i miei registri di volo, mi rendo conto che passo la maggior parte del tempo volando sotto i 30 metri di quota, e raramente supero i 45. Tutto ciò che c'è di interessante è in basso. Ci sono volte in cui sorvolo l'acqua a pochi metri dalla superficie e ottengo fantastiche angolazioni. Non lo consiglio però ai piloti con poca esperienza, poiché droni e acqua non vanno molto d'accordo.

**4.10** Scatto a bassa quota.

4.11 Scatto a bassa quota.

## Riempire il fotogramma con il soggetto

Riempire il fotogramma con il soggetto riduce il disordine visivo e rende ben chiaro quale sia il soggetto della fotografia. Di solito, per riuscirci i fotografi usano un obiettivo più lungo, zoomano o si avvicinano al soggetto. Un'altra opzione è costituita dal ritaglio. Quando si usano obiettivi a focale fissa (ovvero non gli zoom), in gergo si dice che "lo zoom sono i piedi".

Avvicinandosi al soggetto cambia l'approccio emotivo. Anziché osservare da lontano, lo spettatore viene coinvolto dal soggetto. Tutto è molto più ravvicinato ed evoca maggiori emozioni. Ora, tenete a mente che questo è riferito a un particolare tipo di scatti; un ampio panorama ha un intento differente, che è stupire grazie all'estensione. Se un panorama è un urlo in un megafono, un primo piano è un sussurro.

### COME SI APPLICA ALLA FOTOGRAFIA AEREA

La maggior parte dei droni amatoriali è dotata di un obiettivo fisso grandangolare, e zoomare o utilizzare una lente più lunga non è un'opzione disponibile. In questo caso, provate a volare più bassi e più vicini al soggetto. La ragione principale è che quando siete vicini la vostra percezione della profondità e della distanza sono migliori (oltre i 9 metri, praticamente non avrete più una percezione tridimensionale della profondità). Va bene usare la FPV per inquadrare lo scatto, ma se lo state facendo vicino al soggetto dovete farvi affiancare da un osservatore. L'osservatore è una persona che tiene sotto controllo visivo continuo il drone. Quando volate vicino alle persone ricordatevi di operare in sicurezza e con cautela. Non volate troppo vicino: nessuno scatto vale il rischio di ferire qualcuno.

Se pilotate un drone che vi permette di cambiare obiettivi, provatene uno più lungo. Sull'Inspire 1 ho la fotocamera Zenmuse X5 e la uso per riprendere attività come gli sport motoristici. Montando un obiettivo 45mm su un sensore ridotto ottengo l'equivalente di un 90mm, che permette di avvicinarsi molto all'azione rimanendo a distanza di sicurezza.

La sfida più grande quando si fotografa con un obiettivo più lungo è individuare il soggetto tramite la FPV. Avete mai utilizzato un telescopio o un binocolo? Vedete qualcosa in cielo e cercate di localizzarlo utilizzando una lente che lo ingrandisca: non è così semplice. Di solito, per localizzare il soggetto volo a una quota più alta o un po' più lontano, poi lo mantengo al centro dell'inquadratura mentre volo nella posizione di scatto. Ogni volta che cambio obiettivo provvedo anche a ricalibrare il gimbal, per riuscire a mantenere tutto bilanciato e ottenere scatti fotografici e riprese video più stabilizzati.

**4.12** Scatto ravvicinato.

**4.13** 45mm.

## Elementi in primo piano e interesse

Quando si scatta una fotografia è possibile aumentare molto l'interesse e renderla davvero dinamica includendo in primo piano un elemento avvincente. È un'ottima idea guardarsi intorno per trovare qualcosa da posizionare in primo piano per aggiungere interesse alla foto. In questo modo si aggiunge anche un senso di profondità e dimensionalità all'immagine. Senza un elemento in primo piano, una foto distante è priva di un punto focale. In genere lo spettatore sarà attratto dall'oggetto in primo piano e successivamente noterà tutto ciò che è più lontano.

Accertatevi che l'elemento in primo piano aggiunga interesse alla foto piuttosto che disordine. Cercate qualcosa che contribuisca a contestualizzare l'immagine, oppure che crei un forte contrasto. Un elemento in primo piano può concorrere a localizzare l'immagine o aggiungere contenuto a una storia.

### COME SI APPLICA ALLA FOTOGRAFIA AEREA

Quando volate, la gran parte di ciò che fotografate sarà piuttosto distante a causa della piccola dimensione della fotocamera e dell'obiettivo grandangolare. Dato che avete la possibilità di muovervi quasi ovunque vogliate, riposizionare uno scatto catturando alcuni elementi interessanti in primo piano è piuttosto facile. Quando fotografo un tramonto sull'oceano, cerco sempre l'acqua che si frange su uno scoglio o qualcosa che caratterizzi la parte inferiore dell'immagine.

Dopo aver scattato migliaia di immagini di questo tipo, ho capito che quelle con un elemento in primo piano sono composizioni molto più forti. Se davanti a voi non trovate alcun elemento particolare, provate ad arretrare un po' e includete nell'immagine un albero o la riva. Guardandovi intorno troverete sempre qualcosa che possa essere compreso nell'immagine. Se doveste avere difficoltà a trovarlo, prendete anche in considerazione di scendere di quota.

**4.14** Esempio di scatto con elemento in primo piano.

È facile vedere ciò che si sta fotografando in lontananza, una montagna, un tramonto, l'oceano. Provate invece a concentrarvi su come collegarlo con un elemento in primo piano. Realizzando fotografie aeree abbiamo un enorme vantaggio rispetto ai "fotografi terrestri". Per esempio, nella normale fotografia potete essere fortunati e avere il sole nel momento giusto in un particolare luogo. Nella fotografia aerea potete manipolare la situazione modificando la quota e la posizione. Nelle immagini aeree potete avere il brillio del sole attraverso qualsiasi oggetto desideriate.

**4.15** Piccole isole salutate dal sole.

## Linee di forza

Le linee di forza sono oggetti che conducono naturalmente lo sguardo dello spettatore all'interno dell'immagine. Possono essere presenti in natura o create dall'uomo. Le linee di forza sono potenti, attraggono lo sguardo e lo conducono verso il soggetto principale dell'immagine. Degli esempi sono le strade, i binari dei treni, i fiumi, le linee elettriche, i sentieri, le fessure nelle rocce, le arature dei campi, le linee costiere, gli edifici e gli alberi.

Cercate delle linee di forza mentre create le composizioni per rendere le vostre immagini molto più dinamiche. Le linee di forza diritte sono potenti e veloci; quelle curve conducono lo sguardo dolcemente, con un ritmo più rilassato.

### COME SI APPLICA ALLA FOTOGRAFIA AEREA

Nella fotografia aerea avete l'opportunità di visualizzare linee di forza che da terra sono invisibili. Una volta che le avete identificate, potete muovervi liberamente e utilizzarle a vostro vantaggio. Avete anche l'opportunità di usarle guardando dall'alto gli alberi, i tralicci, le ciminiere e altre strutture che da terra sono impossibili da utilizzare.

4.16 Esempio di linee di forza.

4.17 Esempio di linee di forza.

4.18 Esempio di linee di forza.

## Controllare lo sfondo

Durante le riprese prestate particolare attenzione allo sfondo. Eliminate gli elementi di distrazione, come gli alberi che sembrano spuntare dalle teste delle persone. Ancora più importante, cercate uno sfondo non distraente che non sia eccessivamente affollato. Cambiate angolazione in modo che le linee non si intersechino e si crei un buon contrasto. Se il primo piano è chiaro, cercate uno sfondo più scuro per creare contrasto e far risaltare il soggetto. La fotografia tradizionale usa la profondità di campo per separare meglio il soggetto dallo sfondo; per sfocare lo sfondo scattate con una bassa profondità di campo.

### COME SI APPLICA ALLA FOTOGRAFIA AEREA

Nella fotografia con i droni, utilizzare la profondità di campo per sfocare lo sfondo di solito non è un'opzione percorribile. Potete ottenere una leggera sfocatura dello sfondo con una X5 o una DSLR montata su un drone. Tuttavia, nella maggior parte dei casi la sfocatura sarà minima, perché per ottenerla dovrete essere molto vicini al soggetto principale. Per realizzare una separazione dallo sfondo dovete trovare delle alternative. Usate la nebbia, la foschia e anche il controluce per creare una certa separazione e profondità nelle immagini.

Quindi con i droni è difficile ottenere un po' di separazione? Direi di no. Rispetto alle normali fotocamere abbiamo un vantaggio, che però richiede un diverso approccio. I "fotografi terrestri" (una definizione che ho coniato per descrivere i fotografi che lavorano a terra: ha senso, vero?) possono cambiare posizione per creare il giusto equilibrio tra primo piano e sfondo. Spostandosi sono anche in grado di trasformare il piano intermedio in sfondo, ma non hanno la possibilità di utilizzare davvero l'altitudine come strumento compositivo. Certo, possono salire su un albero, su una montagna o su un tetto, se ce ne sono a disposizione, oppure possono scattare dalla finestra di un hotel. Immaginate di avere la possibilità di cogliere il punto di vista da ogni singola finestra dell'intero hotel, e quando avrete finito, non c'è problema: continuerete il vostro volo!

Uno dei maggiori punti di forza dell'utilizzo di una piattaforma aerea per fotografare è l'altitudine. Usatela! Per esempio, quando fotografate un'insenatura, posizionatevi a una quota che mostri al meglio la curvatura della baia. Fate in modo che le colline si sovrappongano a quelle in lontananza per creare contrasto e drammaticità. Se vedete una fila di alberi, fate in modo che si innalzino sopra le colline o posizionateli contro una zona distante dai toni contrastanti.

Una delle prime cose che faccio è cercare accuratamente la quota migliore. Non è casuale che una linea di palme appaia appena sopra o sotto l'orizzonte. Componendo un'immagine, pensate sempre a questo aspetto. Pensate a come gli elementi in primo piano e sul piano intermedio interagiscono con lo sfondo. Se non c'è armonia, rinunciate allo scatto. Provate a un'altitudine differente o con una diversa angolazione. È così facile spostare il drone che davvero non ci sono scuse per una composizione poco accurata.

**4.19** Laguna Crescent Beach.

**4.20** Esempio di palme che appaiono appena sopra la linea dell'orizzonte.

Osservate questo esempio di una casa su uno sperone di roccia. Il primo scatto ritrae l'edificio da una discreta angolazione, ma mostra troppo le strade alle sue spalle, e nell'immagine non è visibile il cielo. Provate a volare a una quota appena un po' più bassa. Ora si vedono il cielo e il tramonto. Notate anche che da questa altezza inferiore si vedono meno le strade alle spalle dell'edificio, il quale invece si staglia contro le colline sullo sfondo con un impatto più efficace. Spesso le persone volano a una quota troppo elevata e si perdono la composizione migliore.

**4.21** Rendere una composizione debole...

**4.22** ...molto più forte cambiando l'altezza di ripresa.

## Fotografare con una buona luce

La scelta dell'ora giusta per fotografare è fondamentale. Tutta la fotografia consiste nell'arte di catturare la luce. Quando siamo in esterni, la nostra fonte di luce è il sole. In una giornata limpida a metà pomeriggio la luce è molto dura e le ombre sono verticali. Per questa ragione le forme perdono definizione, dato che mancano le ombre angolate che contribuiscono a dar loro una forma. In queste ore del giorno c'è anche una luce molto abbagliante. Molti fotografi che lavorano in esterni evitano questo tipo di luce perché non è lusinghiera. Diversamente, se il cielo è coperto, le nuvole diffondono la luce disperdendo i raggi luminosi in tutte le direzioni. Si tratta di una sorta di soft box naturale, che crea una luce morbida ed elimina quasi completamente le ombre. Quando si desidera catturare i dettagli e i colori naturali, una giornata con un'ampia copertura nuvolosa può fornire un'ottima luce per le riprese.

### COME SI APPLICA ALLA FOTOGRAFIA AEREA

Questo è un ottimo momento per la mappatura aerea e per fotografare in verticale catturando scatti ben definiti che mostrino i dettagli di uno specifico territorio.

## L'ora d'oro

Un altro tipo di luce, che è la mia preferita per le riprese aeree, è quella dell'alba e del tramonto. Stiamo parlando di quella che viene chiamata l'ora magica o l'ora d'oro. Il sole è basso nel cielo e la luce attraversa il pulviscolo atmosferico o l'inquinamento. Ciò crea il colore dorato associato a queste ore della giornata. Anche le ombre sono più allungate, e questo può renderle molto interessanti, soprattutto quando si fotografa dall'alto. L'ora d'oro è circa un'ora prima del tramonto e un'ora dopo l'alba.

### COME SI APPLICA ALLA FOTOGRAFIA AEREA

Io fotografo i tramonti quasi ogni giorno. Vivo abbastanza vicino alla costa meridionale della California, quindi un paio d'ore prima del tramonto do un'occhiata fuori dalla finestra. Se vedo il giusto tipo di cielo, non perfettamente limpido ma neppure troppo nuvoloso, e senza vento, di solito prendo la mia attrezzatura e mi dirigo verso la costa. Se il cielo è troppo nuvoloso, una tavola grigia uniforme, il sole non spunterà. D'altra parte, se non ci sono nuvole, il cielo sarà abbastanza noioso. Tuttavia, a volte può esserci una buona nebbia marina sulla superficie dell'oceano che permetterà di scattare belle foto di tramonti. In assenza di nuvole non vedrete quello straordinario bagliore che illumina il cielo in modo sorprendente quando il sole cala sotto l'orizzonte. Mi stupisce sempre la quantità di fotografi che mette via l'attrezzatura e se ne va non appena il sole scende sotto l'orizzonte, perdendo l'incredibile bagliore del crepuscolo.

La grande sfida nella fotografia dei tramonti è la quantità di contrasto presente nella scena. Le fotocamere X5 hanno una gamma dinamica più ampia della maggior parte degli altri droni, ma non sufficiente per catturare il sole in cielo senza bruciarlo e per catturare abbastanza dettagli per illuminare il primo piano. Per tale motivo spesso scatto in HDR in situazioni di questo genere (date un'occhiata al paragrafo sull'HDR nel Capitolo 7).

**4.23** Il crepuscolo attraverso la nebbia marina.

**4.24** Esempio di tramonto.

Abbiamo appena visto alcune regole compositive della fotografia e la loro applicazione alla fotografia aerea con i droni. Applicando queste regole vedrete un netto miglioramento delle vostre immagini aeree. Una volta che avete acquisito queste regole, potete e dovete infrangerle. Non infrangetele sempre e non fatelo per il puro gusto di farlo. Troverete naturalmente l'opportunità per fare qualcosa che normalmente non fareste. Per esempio, mi è stato insegnato a fotografare in direzione opposta alla luce, con la sorgente luminosa alle mie spalle che illumina il soggetto. Questa è una regola che infrango spesso, perché nei miei tramonti voglio includere il sole. Se il sole non sta tramontando, tuttavia, raramente scatto nella sua direzione. Quindi, i tramonti sono la mia eccezione alla regola. Per prima cosa imparate le regole, e infrangetele solo se avete buone ragioni per farlo. Non agite in modo meccanico: cercate in genere di forzare le regole. Ma prima imparatele e poi infrangetele spavaldamente: altrimenti, la vostra immagine sembrerà malfatta.

**4.25** Esempio di tramonto.

4.26 Esempio di tramonto.

4.27 Esempio di alba.

**4.28** Esempio di alba.

**4.29** Esempio di alba.

# SPECIALI TIPOLOGIE DI FOTOGRAFIA

**ORA CHE SAPETE COME REALIZZARE UNA FOTOGRAFIA,** vediamo come creare un'immagine composta da più di un'immagine. Stiamo sempre creando un'unica immagine, ma per realizzarla potremmo avere bisogno di scattare diversi fotogrammi. Bisogna lavorare di più, ma con la pratica si possono ottenere risultati stupefacenti e meritevoli dello sforzo.

## Panoramiche

Uno degli scatti di paesaggio più belli che potete ottenere con un drone è una panoramica: una serie di fotografie che vengono assemblate, o "unite", per creare un'immagine più grande. La ragione principale che spinge le persone a realizzare panoramiche è catturare viste non riproducibili con un unico scatto. Un ulteriore vantaggio delle panoramiche è la creazione di un'immagine di maggiori dimensioni e con più dettaglio, che può essere stampata in grandi formati.

Tradizionalmente, la regola per la realizzazione di panoramiche impone di far ruotare la fotocamera intorno al punto di non parallasse, detto anche punto nodale. Provate a tenere un oggetto o un dito vicino al viso e chiudete un occhio. Ora cambiate occhio e osservate fino a dove si sposta lo sfondo in relazione all'oggetto. Questo è ciò che si chiama parallasse ed è un elemento chiave della nostra percezione della profondità. Provate ora a tenere l'oggetto più lontano dal viso e ripetete l'esercizio con gli occhi. Noterete uno spostamento meno consistente.

**4.30** Panoramica.

**4.31** Panoramica.

**4.32** Panoramica.

**4.33** Panoramica.

La parallasse si riduce con l'aumento della distanza e a circa 9 metri scompare quasi completamente. Dato che generalmente scatterete panoramiche da una distanza superiore rispetto a quella di un treppiede a terra, la parallasse non sarà più il problema principale.

Un'altra regola tradizionale delle panoramiche è la sovrapposizione del 30 per cento. Per diverse ragioni, quali gli obiettivi più ampi, un maggior effetto fisheye, la deriva della posizione durante la rotazione del drone e così via, io scatto con una maggiore percentuale di sovrapposizione. Personalmente, con le fotocamere più piccole come quelle dei Phantom, creo sovrapposizioni tra il 50 e il 70 per cento. Forse è un po' eccessivo, ma almeno mi ritrovo con più possibilità e con questo metodo ottengo molti meno punti raddoppiati o strani. Ottengo anche un minore allungamento degli oggetti nell'immagine. I Phantom 3 e 4 dispongono di un angolo di ripresa di 94 gradi, che modifica molto velocemente l'angolazione della visuale delle diverse immagini durante la rotazione.

**4.34** Il diagramma delle sovrapposizioni.

**4.35** Panoramiche multilivello.

Scattando con un obiettivo più lungo, per esempio con la Zenmuse X5 sull'Inspire 1 Pro, non è richiesta un'eccessiva sovrapposizione. Normalmente con la X5, che dispone di un sensore micro 4/3 e un obiettivo più lungo, effettuo sovrapposizioni del 50 per cento.

Per realizzare questo tipo di scatti, immagino quello che chiamo il mio "rettangolo di ripresa". Da lato a lato, quanto è ampia l'area da catturare e quanto è alta? Un elemento fondamentale è la distanza dalla quale scelgo di scattare. Se volassi a 600 metri di distanza potrei realizzare l'immagine con solo tre scatti. A una distanza minore, per ottenere la stessa ampiezza potrebbero esserne necessari sei, e le immagini non sarebbero simili. Gli scatti più ravvicinati avranno una distorsione e una curvatura più marcate, mentre quelli realizzati più da lontano appariranno più naturali ma con meno dettaglio. Questi sono aspetti che imparerete con la pratica.

Riprendendo una panoramica è importante assicurarsi che la fotocamera sia allineata all'orizzonte. Se la fotocamera è inclinata lateralmente, unendo la panoramica otterrete un orizzonte ondulato o degli strani scalini, o potreste fallire completamente. Se avete difficoltà a livellare la fotocamera, provate a posizionare il drone su una superficie perfettamente orizzontale e priva di interferenze magnetiche ed effettuate una calibrazione del gimbal. Potete anche tarare l'inclinazione della fotocamera tramite l'app DJI Go o con qualunque altro software voi utilizziate. Se l'inclinazione è causata da un problema di equilibrio della fotocamera, un trucco che può dare buoni risultati è infilare una monetina sotto un lato della fotocamera.

## Bracketing: HDR, catturare l'intera gamma dinamica

Quante volte avete osservato e fotografato una scena bellissima e poi, guardando la fotografia, siete rimasti delusi? Invece di un bel tramonto vi ritrovate con una macchia bianca, mentre la luce che danzava sulla sabbia si è trasformata in una macchia scura. Tutto ciò è dovuto a una limitazione chiamata intervallo dinamico. L'occhio umano può vedere una gamma dinamica molto ampia, ed è in grado di adattarsi molto velocemente. Ecco perché mentre vediamo una sorprendente quantità di dettagli in condizioni di luce intensa riusciamo a percepire anche molti dettagli nelle ombre.

Il sensore della fotocamera non è in grado di catturare la stessa quantità di informazioni. In una situazione con un elevato contrasto, come al tramonto o di notte, se esponete per le alte luci tutte le aree scure appariranno completamente nere. Esponendo invece per le ombre, tutte le alte luci diventeranno completamente bianche e prive di dettagli. Queste situazioni descrivono i limiti della gamma dinamica della fotocamera. Poiché siamo agli inizi dello sviluppo delle fotocamere aeree, molti di questi strumenti dispongono di una gamma dinamica ridotta rispetto a quella dei loro fratelli maggiori. Scattare in RAW sicuramente ci aiuta a catturare una gamma dinamica più ampia, certamente sufficiente per una giornata con cielo coperto. Tuttavia, quando si tratta di catturare un cielo luminoso e un terreno scuro, anche le fotocamere più sofisticate hanno difficoltà a coprire l'intero intervallo dinamico.

La soluzione è l'HDR (*High Dinamic Range*), ovvero l'alta gamma dinamica. Si ottiene scattando più immagini con diverse esposizioni per catturare l'intero spettro luminoso visibile. Gli scatti vengono poi combinati in un'unica immagine HDR che contiene tutti i dettagli sia nelle ombre che nelle alte luci. Alcune fotocamere possono realizzare automaticamente l'HDR, ma io evito di utilizzarlo perché preferisco avere un maggior controllo. Ciò non significa che non possiate utilizzare questa modalità: sono certo che continuerà a migliorare dopo la scrittura di questo libro, e in futuro potrei usarla anch'io.

Il mio metodo preferito consiste nello scattare più immagini con esposizioni differenti e utilizzare Lightroom o Photoshop per realizzare l'HDR in un secondo momento, in post-produzione. Il procedimento per unire le immagini è descritto nel Capitolo 7. Per ora vedremo come scattare queste immagini.

In un mondo ideale scatterei da tre a cinque immagini, con un'intervallo di +/- 2 stop. Mi spiego meglio: in termini fotografici, un f-stop è il modo in cui viene misurata l'esposizione, o più precisamente l'EV, ovvero il valore di esposizione. Supponiamo che scattiate un'immagine e vogliate sovraesporla di uno stop, o di un EV. Significa che raddoppierete la quantità di luce che colpisce il sensore. Se intendete sottoesporla di uno stop, o di un EV, dimezzerete la quantità di luce che colpisce il sensore. Potete controllare la quantità di luce che colpisce il sensore in quattro modi:

- **modificando il valore ISO,** ovvero la sensibilità del sensore rispetto alla luce;
- **modificando il tempo di esposizione,** ovvero la quantità di tempo in cui la luce colpisce il sensore per creare l'immagine;
- **modificando l'apertura,** ovvero la quantità di luce che può entrare nella fotocamera (la dimensione dell'apertura dell'obiettivo); molte fotocamere aeree non dispongono di un'apertura regolabile;
- **aggiungendo un filtro ND (a densità neutra)**, che utilizza un vetro colorato per ridurre la quantità di luce che entra nell'obiettivo.

In genere, il modo migliore per modificare l'esposizione per l'HDR consiste nel cambiare la velocità dell'otturatore. La maggior parte delle fotocamere dispone della funzione AEB (bracketing automatico dell'esposizione) che permette di non dover cambiare manualmente la velocità dell'otturatore tra uno scatto e l'altro. Nel momento in cui scrivo, tutte le fotocamere DJI, tramite l'app DJI Go, sono in grado di scattare con la funzione AEB, che si trova nel menu delle impostazioni della fotocamera (**Figura 4.36**).

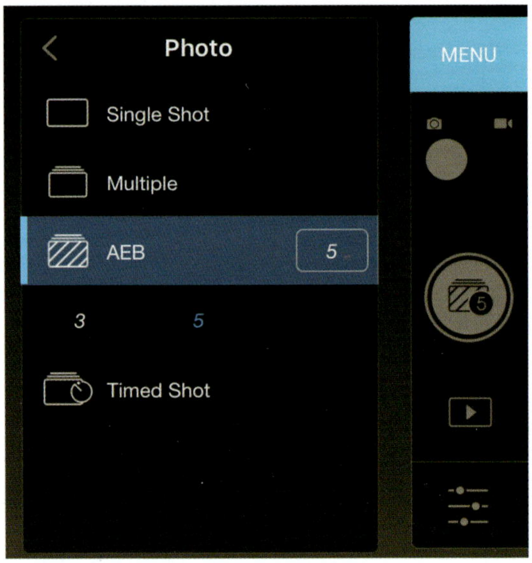

4.36

L'app DJI Go non permette di modificare l'intervallo di bracketing: è impostata su circa 0,7 stop (l'ho vista variare da 0,66 a 0,7 stop). Data l'esiguità dell'intervallo, è meglio scattare cinque immagini. In questo modo si cattura una gamma dinamica più ampia. In futuro, se sarà possibile modificare l'intervallo di bracketing, impostatelo su -/+ 2 stop e basterà scattare solo tre esposizioni.

Quando l'AEB è impostato, scattate le immagini come fareste normalmente. Sentirete la fotocamera scattare più immagini. Non è necessario farlo sempre: solo quando c'è una situazione con contrasto molto elevato, per esempio un cielo luminoso contro un paesaggio ombreggiato.

**4.37A** Esempio di immagine HDR.

**4.37B** Esempio di immagine HDR.

## Panoramiche HDR

Una delle domande che mi vengono rivolte quotidianamente sui social media è come realizzo le mie panoramiche in HDR. Un'immagine che ho postato recentemente era composta da 115 scatti. Perché 115 scatti? E come ho fatto a realizzarla? Data la mia esperienza nel campo degli effetti visivi, per me le panoramiche HDR non sono una novità. Scattavo immagini di questo tipo già diversi anni fa con la reflex digitale montata su una testa panoramica e realizzavo HDR panoramiche sferiche a 360 gradi, che potevano essere mappate all'interno di superfici sferiche con Maya. Con i droni l'aspetto tecnico è molto più facile, ma la realizzazione è più difficile perché la precisione non è allo stesso livello: è la differenza tra un treppiede appoggiato a terra calibrato sui punti nodali con la rotazione a scatti e un drone in volo stabilizzato tramite satelliti.

Come ho già detto, scatto le foto in bracketing in modo da poter catturare più dettagli contemporaneamente sia nelle alte luci che nelle aree in ombra. I tramonti e le albe in particolare sono i momenti in cui il contrasto visivo è più elevato. Date le attuali limitazioni delle opzioni di bracketing di DJI, spesso realizzo cinque scatti per ogni fotogramma, con lo scopo di catturare il maggior numero di dettagli del cielo e del terreno. Dividendo 115 per 5 otteniamo 23 fotogrammi per realizzare l'intera panoramica. In realtà ho tentato di realizzare tre livelli da otto immagini ciascuno, ma una di queste non è venuta bene. Nella maggior parte dei casi, se una o due immagini non sono perfette non ha importanza se la sovrapposizione è sufficiente. L'obiettivo è coprire completamente l'area che si desidera catturare. Davvero nulla di nuovo. Da quando Photoshop ha implementato la funzione di allineamento automatico, l'abbiamo utilizzata accostando approssimativamente le immagini e montandole insieme per vedere ciò che sarebbe accaduto. La verità è che a Photoshop non serve avere un pari numero di immagini in ogni pila per poterle collegare correttamente tra loro.

### COME CATTURARE QUESTO TIPO DI IMMAGINI

1. Impostate la fotocamera su AEB (cinque esposizioni sull'attuale app DJI Go).
2. Definite il rettangolo di ripresa, da un angolo all'altro.
3. Fate ruotare il velivolo per determinare il raggio delle riprese.
4. Inclinate la fotocamera verso l'alto e verso il basso e ruotatela per assicurarvi di inquadrare tutto.
5. Inclinate la fotocamera fino al punto più basso e fatela ruotare per assicurarvi che ogni cosa rientri nell'inquadratura.
6. Partendo dal livello più alto, iniziate a scattare in bracketing da destra verso sinistra (per i tramonti sulla costa occidentale degli Stati Uniti; per le albe scatto in direzione opposta). Realizzo gli scatti in questo modo perché il sole è molto più luminoso e sbilancia le impostazioni di esposizione. Mi organizzo quindi per fotografare il sole come ultima immagine, e a volte per questa inquadratura uso la funzione di blocco dell'esposizione (non sempre; solo se è decisamente differente rispetto agli altri scatti).
7. Inclino la fotocamera verso il basso e scatto il livello centrale.
8. Inclino la fotocamera verso il basso e scatto il livello inferiore.

### SUGGERIMENTI

- *Attendete qualche secondo affinché il drone si stabilizzi tra uno scatto e l'altro, o potreste ottenere immagini sfocate a causa del movimento dovuto alla rotazione del velivolo.*
- *Scattate componendo un percorso a forma di S, come se falciaste un prato.*
- *Usate la griglia sovrapposta all'app per allineare le inquadrature e pianificare le inclinazioni della fotocamera.*

Non scoraggiatevi se i vostri primi tentativi falliscono: per catturare le panoramiche HDR ci vuole molta pratica, e col tempo migliorerete di sicuro. Preferisco anche usare Lightroom almeno per visualizzare gli scatti: il programma può assemblare rapidamente un'anteprima che vi consentirà di capire se l'immagine funzionerà o meno. Nella maggior parte dei casi, per assemblare le panoramiche HDR uso Lightroom, perché è veloce. Potete anche utilizzare Photoshop oppure un programma dedicato come PTGui.

4.38 Griglia sovrapposta all'immagine.

4.39 Panoramica HDR definitiva.

4.40 Panoramica HDR definitiva.

4.41 Panoramica HDR definitiva.

4.42 Panoramica HDR definitiva.

4.43 Panoramica HDR definitiva.

## Raffica di scatti per catturare l'azione

Un'altra tipologia di scatto è la raffica, che consente di scattare più immagini in rapidissima successione. L'app DJI Go vi mette in grado di scattare raffiche di tre, cinque o sette immagini. La fotocamera scatta le foto il più velocemente possibile e le carica in un buffer di memoria, che poi elabora prima che possiate scattare nuovamente. Se state riprendendo una scena d'azione, come un evento sportivo o qualcosa che si svolge in natura, può essere molto difficile catturare l'esatto momento in cui l'azione ha luogo. Usando la modalità raffica, in pratica fate bracketing con il tempo e siete in grado di scegliere lo scatto migliore del gruppo. È anche frequente realizzare un montaggio temporale dell'intera azione; gli skateboarder lo fanno spesso, e impiegherete poco tempo per scoprire come realizzarlo online.

## Vista a volo d'uccello

Naturalmente c'è anche la vista a volo d'uccello. È uno degli scatti distintivi della fotografia aerea: uno sguardo dall'alto, in verticale sul soggetto. Con questa classica fotografia dall'alto non si sbaglia mai: le persone vedranno le cose da un punto di vista mai avuto prima. Questo è probabilmente lo scatto più classico che si realizza con un drone. Non c'è molto altro da dire su questo tipo di immagine, se non che dovreste cercare dei punti di vista unici relativi a immagini che le persone hanno già visto in precedenza. In questo modo attirerete la loro attenzione e li spingerete a guardare le vostre fotografie.

**4.44** Esempio di scatto a volo d'uccello.

**4.45** Esempio di scatto a volo d'uccello.

**4.46** Esempio di scatto a volo d'uccello.

4.47 Esempio di scatto a volo d'uccello.

4.48 Esempio di scatto a volo d'uccello.

4.49 Esempio di scatto a volo d'uccello.

CAPITOLO 5

# GIRARE VIDEO CON I DRONI

**UNA DELLE COSE PIÙ ECCITANTI DELL'UTILIZZO DI UNA TELECAMERA VOLANTE** è la possibilità di catturare straordinari video che aggiungono un valore enorme alla realizzazione di qualsiasi progetto. Pochi anni fa per girare dei video avreste dovuto noleggiare un elicottero e speciali attrezzature per stabilizzare la telecamera. Con un piccolo drone avete davvero la possibilità di entrare nel cuore dell'azione. Potete volare a una quota più bassa di un elicottero e superare ostacoli che per un elicottero a grandezza naturale sarebbero impossibili. L'ulteriore problema di un vero elicottero è il potente soffio aerodinamico che scuote e fa volar via qualsiasi cosa, e potrebbe davvero rovinare uno scatto.

**MAIN BEACH, LAGUNA BEACH, CALIFORNIA - GENNAIO 2016**
**DJI ZENMUSE X5 CON OBIETTIVO 15MM DJI**

Bird Rock al crepuscolo, appena prima del tramonto. Panorama HDR. Pano e HDR realizzati in Lightroom CC. Post-produzione in Photoshop CC.

Nonostante alcune persone creino splendidi filmati di sole riprese aeree, è più facile che esse vengano usate per esigenze particolari. Per esempio, guardate qualsiasi film o programma televisivo con un ricco budget e vi accorgerete del costante utilizzo delle riprese aeree per contestualizzare l'azione in una location. I droni sono l'ideale anche per offrire un diverso punto di vista e aggiungere un forte interesse visivo alle scene d'azione, come per esempio delle auto che si allontanano a tutta velocità. Possono anche aggiungere una sensazione di bellezza e tranquillità con una lenta ripresa di una barca o librandosi su un campo o un lago maestoso.

Le riprese aeree non si limitano alla cinematografia: hanno diversi utilizzi pratici in ambito immobiliare, nelle costruzioni, per ispezioni e rilievi e per la ricerca e il soccorso. In questo libro ci concentriamo di più sull'arte fotografica e video, quindi il nostro obiettivo è realizzare riprese visivamente accattivanti. Ci sono alcuni movimenti della telecamera che vengono comunemente utilizzati a Hollywood e sui set cinematografici di qualsiasi posto. Esamineremo alcune di queste tipologie di ripresa, così come il volo libero.

# LA VISTA IN PRIMA PERSONA NEI VIDEO

**QUANDO SI TRATTA DI GIRARE VIDEO,** la FPV, ovvero la vista in prima persona, è fondamentale. Per ottenere la giusta ripresa dovete vedere cosa state girando. Consiglio di utilizzare un grande tablet, come un iPad, piuttosto che uno schermo delle dimensioni di uno smartphone, per avere una visione nitida di ciò che state riprendendo. Io uso un iPad Air 2, che per la FPV funziona benissimo. L'altra opzione è utilizzare gli occhiali o un visore che possono essere collegati direttamente alla porta HDMI del controller o del dispositivo.

Gli occhiali più utilizzati sono i Fat Shark, ma ci sono molte altre opzioni disponibili. Il vantaggio di utilizzare gli occhiali è una visione nitida e immersiva, priva di distrazioni, non influenzata dai riflessi del sole. Lo svantaggio degli occhiali è che vi isolano dall'ambiente circostante. Spesso non avrete cognizione dell'effettiva posizione nel mondo fisico, quindi a volte non vedrete pericoli e ostacoli quali linee elettriche e rami degli alberi finché non sarà troppo tardi. Inoltre, rendono difficile capire quale sia l'esatta distanza da un oggetto. Potreste non percepire altri velivoli, in particolare aeromobili di dimensioni normali, come gli elicotteri.

Ci sono alcune leggi che rendono l'uso degli occhiali al limite della norma in alcune situazioni, come il controllo di volo a vista. Dovrete verificare come queste regole vi riguardino nel paese o nello stato in cui volate. Rimanete aggiornati su queste norme, perché cambiano e si evolvono rapidamente. Vi suggerisco quantomeno la presenza di un osservatore di supporto che vi affianchi quando volate con gli occhiali. L'osservatore è una persona che controlla visivamente il velivolo e l'ambiente circostante e può avvertirvi di eventuali pericoli o velivoli in avvicinamento.

Lo scenario ideale è la ripresa con il DJI Inspire 1 in modalità doppio operatore. In questa situazione c'è un pilota che controlla a vista il velivolo e un secondo operatore con un radiocomando dedicato che controlla i movimenti della telecamera e non il velivolo (**Figura 5.1**). L'operatore della telecamera si concentra sulle riprese e non deve preoccuparsi del volo. In questo caso per l'operatore video un visore come quello della **Figura 5.2** è un'ottima opzione. Il controller dell'Inspire dispone di una porta HDMI a cui si possono collegare direttamente gli occhiali. Il vantaggio del doppio operatore è la possibilità di realizzare movimenti della telecamera più complessi e più fluidi, dato che l'operatore video non deve occuparsi d'altro. Anche l'uso di un ombrellone leggero che vi permetta di vedere bene lo schermo quando volate in pieno sole è una buona idea.

5.1 Impostazione dello schermo FPV.

5.2 Visore.

# NOZIONI DI BASE SUI VIDEO

**NON SPENDEREMO MOLTO TEMPO** sulle nozioni di base delle videoriprese, perché su questo tema sono stati scritti interi libri. Penso che ci siano principi fondamentali che dovete conoscere, e li vedremo tra poco. Non preoccupatevi, non sarà un corso in gergo radiotelevisivo e di arida teoria. Li affronteremo nel modo più rapido possibile e in termini molto chiari. Come si dice nei film, "nessuno si farà del male".

## Dimensioni del fotogramma

La dimensione del fotogramma, in sintesi, è la dimensione del video. Sono certo che abbiate sentito i termini SD, HD, Ultra HD e 4K. Vediamo che cosa significano.

Tradizionalmente, la misura era data dall'altezza del video, che veniva calcolata in linee orizzontali. Ricordate l'interlacciamento (da cui proviene la *i* di 1080i)? Era ciò che causava le linee di scansione che si vedevano sui vecchi televisori. Il digitale HD ha cambiato tutto, e non abbiamo più a che fare con l'interlacciamento (tranne che nella trasmissione del segnale).

La dimensione veniva misurata tramite la risoluzione verticale: 720 e 1080 erano l'altezza del rettangolo (**Figura 5.3**).

720 = 720 pixel di altezza per 1280 pixel di larghezza, 720x1280.

1080 = 1080 pixel di altezza per 1920 pixel di larghezza, 1080x1920.

Da poco il modo di misurare la risoluzione degli schermi è cambiato, passando dall'altezza alla larghezza; ipotizzo che suoni meglio in termini di marketing. Le risoluzioni già esistenti non sono però state riclassificate: 1080 è sempre 1080 (e non 2K, anche se la larghezza è molto simile).

I nuovi numeri partono da 4K, e arriveranno a 6K, 8K e oltre. 4K significa 4000, ed è riferito a una larghezza di circa 4000 pixel. 4K e UHD (*ultra-high definition*) sono la stessa cosa: è la dimensione usata più comunemente nei televisori e nei prodotti elettronici di consumo.

4K / UHD = 3840x2160.

C'è poi il formato Cinema 4K, che si avvicina al formato dei proiettori da sala: la larghezza è 4096. Realizzo tutte le mie riprese in 4K con risoluzione UHD perché non devo poi ridimensionarle per la visualizzazione tipica in 4k.

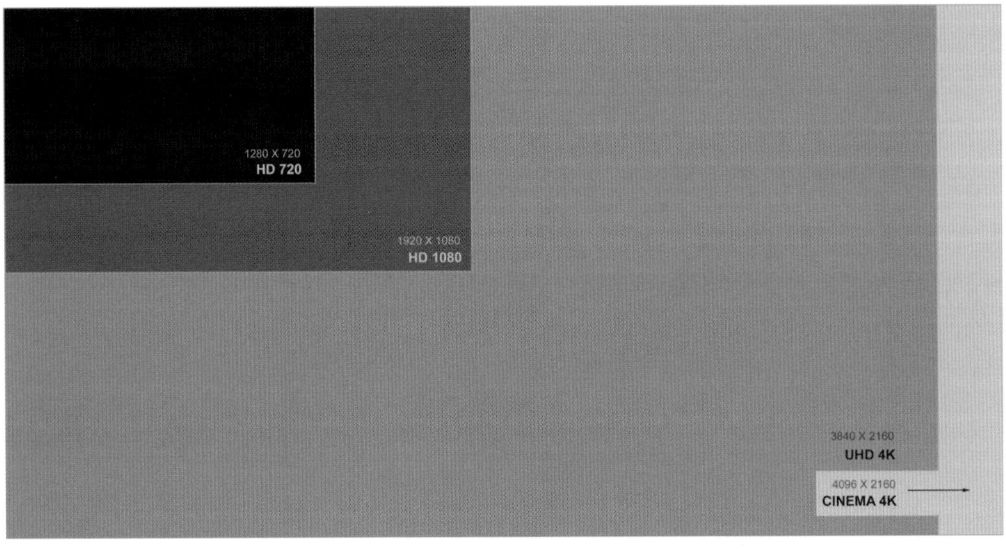


5.3 Dimensioni dei video.

## Frequenza dei fotogrammi

Un video è una serie di fotografie. Riproducetele rapidamente in sequenza e sembreranno in movimento, come i vecchi libretti animati. La frequenza dei fotogrammi descrive quante immagini vengono riprodotte al secondo.

Esistono frequenze molto diffuse, che dipendono dal formato standard utilizzato. Negli Stati Uniti, in Giappone e in altre nazioni si usa il formato NTSC. Nella maggior parte di Europa, Asia e Africa si usa PAL.

Per il formato NTSC la frequenza più comune è 30 fps (fotogrammi per secondo).

La frequenza più comune per il formato PAL è 25 fps.

La frequenza più comune per la proiezione cinematografica (per i film) è 24 fps.

A volte si usano frequenze più alte, come 120 fps. Quando il video viene riprodotto a una frequenza di 30 fps mostra movimenti al rallentatore molto dettagliati, a un quarto della velocità (120/4=30).

A seconda del paese in cui vivete, tendenzialmente userete la frequenza di riferimento o i 24 fps per un taglio cinematografico, e frequenze più alte quando volete riprese al rallentatore.

## Le migliori impostazioni per le riprese video

Girando dei video, il tempo di posa più indicato è il doppio del valore della frequenza. Quindi, se girate a 30 fps il miglior tempo di posa sarà di 1/60. Se girate a 24 fps, l'impostazione migliore sarà 1/50. Il motivo è l'effetto mosso. Quando si scatta una fotografia, in genere si desidera che sia il più possibile nitida. Se però si usano immagini nitide nei video, si ottiene il cosiddetto effetto di movimento a scatti o a singhiozzo. Girando con un tempo di posa più lungo, ogni fotogramma avrà un leggero e naturale effetto mosso, che renderà il movimento più morbido e fluido (**Figura 5.4**).

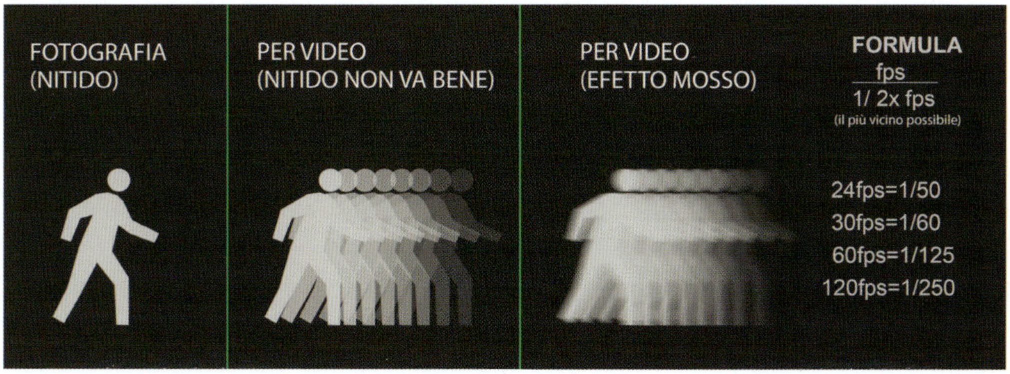


**5.4** Impostazioni video per ottenere l'effetto mosso.

## Filtri ND

I filtri ND sono filtri a densità neutra. Montare un filtro ND è come mettere gli occhiali da sole sull'obiettivo. Il filtro riduce la quantità di luce che colpisce il sensore e vi permette di girare con un tempo di posa più lungo. Tutto qui!

Le persone mi chiedono sempre se per le mie immagini uso un filtro ND, perché pensano che un filtro ND le faccia apparire ovviamente migliori. La maggior parte delle volte la risposta è esattamente l'opposto: con un filtro ND non otterrete immagini più nitide, bensì più morbide. Un'esposizione corretta significa né troppo luminosa né troppo scura: la giusta via di mezzo. Ecco i tre elementi che controllano l'esposizione di un'immagine o di un video.

- **Apertura:** l'apertura dell'obiettivo che permette alla luce di colpire il sensore. Questa impostazione regola la quantità di luce che può entrare. Quando l'apertura è chiusa, il foro è più piccolo e per esporre correttamente il sensore è necessario un tempo più lungo. Se l'apertura viene ampliata, il foro è più largo e deve rimanere aperto per un tempo minore.
- **Velocità dell'otturatore:** l'otturatore apre e chiude l'apertura, e la velocità dell'otturatore (o tempo di posa) determina per quanto tempo l'otturatore rimane aperto. Un'elevata velocità dell'otturatore significa che l'apertura rimane aperta per un tempo molto breve. Una bassa velocità dell'otturatore indica che l'apertura rimane aperta per un tempo più lungo.
- **ISO:** si tratta della sensibilità del sensore. Un valore ISO basso indica una bassa sensibilità, e sarà necessario che dall'obiettivo passi una maggiore quantità di luce. Un valore ISO elevato indica una maggiore sensibilità, e richiederà che giunga dall'obiettivo una minore quantità di luce. Un valore ISO più elevato produrrà anche maggior disturbo nell'immagine.

L'esposizione è la combinazione di apertura, velocità dell'otturatore e ISO che determina l'esatta quantità di luce necessaria per colpire il sensore e ottenere un'immagine corretta. Se la velocità dell'otturatore è troppo lenta, l'immagine apparirà sfocata. Per evitarlo bisognerà aumentare l'apertura o incrementare il valore ISO. Poiché molte telecamere dei droni non dispongono di un'apertura regolabile, spesso questa impostazione non viene compresa nell'equazione.

Semplificando, in condizioni di buio bisogna aumentare l'ISO per ottenere una ripresa nitida. Il limite superiore delle capacità della telecamera è un ISO così alto che l'immagine appare molto disturbata.

Il limite inferiore è quando l'apertura (se disponibile) è completamente chiusa e l'ISO è impostato al valore minimo. Ciò che rimane da impostare è solo la velocità. Se per ottenere un'esposizione corretta bisogna arrivare a 1/1000 di secondo, avete un problema. Avete valicato il limite per ottenere riprese fluide. Se impostate la velocità dell'otturatore a 1/60 di secondo, l'esposizione sarà troppo chiara per essere utilizzabile.

In una giornata di sole è facile raggiungere il limite inferiore della telecamera, ed è il momento in cui diventa utile il filtro ND. Sono disponibili diverse densità, in funzione di quanto vi serve scuro. Montate il filtro ND sull'obiettivo e potrete girare a 1/60 e ottenere la corretta esposizione. È tutto ciò che può fare un filtro ND, ma per un regista si tratta di un elemento indispensabile dell'attrezzatura; in effetti, probabilmente ne avrete bisogno di diversi con differenti densità.

# DUE PAROLE SUI VIDEO EFFICACI

**REALIZZARE UN VIDEO È COME SCRIVERE UNA LETTERA O UNA POESIA.** È meglio non scrivere l'intero testo in un'unica lunghissima frase. Raccontate una storia articolandola in una serie di frasi organizzate in paragrafi. Nei video, i paragrafi possono essere le scene, e le frasi le singole riprese. Pensare in termini di più riprese è molto meglio. Non cercate di realizzare l'intero video in un'unica ripresa.

Non riprendete neppure tutto il vostro volo: annoiereste il pubblico. Ricordo che i primi video realizzati con i droni erano esattamente così: la GoPro si accende, decolla, registra alcuni minuti noiosi, poi una ripresa interessante, ancora noia e infine un atterraggio brutale. Risparmiate questo tipo di video ai vostri spettatori. In realtà, se avete la tendenza a procedere in questo modo non ne avrete molti.

Dividete il video in riprese efficaci, pianificate e interessanti che raccontino una storia. Organizzerete poi tutte queste brevi riprese in post-produzione, modificandole per raccontare la vostra storia. C'è una regola molto nota nel mondo dei video chiamata regola dei 10 secondi. Riprendendo, lasciate che la telecamera giri per almeno 10 secondi, così avrete un sacco di spazio per modificare e tagliare il video. Mi spingo perfino a dire che per una ripresa aerea avrete bisogno di più di 10 secondi. La **Figura 5.5** mostra i tre elementi che compongono una ripresa aerea.

- **Impostazione.** Portatevi in posizione e preparatevi a girare. Allineate il muso del drone con la direzione della ripresa, inquadrate e posizionatevi in un punto da cui possiate vedere bene gli ostacoli vicino ai quali potreste volare. Impostate la ripresa qualche metro prima del punto effettivo in cui inizierete a girare, in modo da avviarla quando siete già in movimento e con la velocità e la direzione corrette. A metà di una ripresa non si effettuano correzioni di rotta.
- **Ripresa.** Questo è il filmato che utilizzerete nel vostro video. È importante non fare movimenti o scatti improvvisi. A meno che non lo richieda la ripresa, dovreste pilotare con il joystick destro e imbardare solo per motivi di sicurezza. Sfiorate dolcemente i controlli ed effettuate regolazioni molto lente e lievi sui joystick. Evitate la tentazione di ottenere uno scatto "migliore" a metà del volo. Se vedete una nuova possibile ripresa o vi viene un'idea a metà del volo, finite la ripresa in corso e poi tornate indietro per provare a realizzarla con un nuovo passaggio.
- **Chiusura.** Una volta terminata la ripresa, non fermatevi; volate ancora per qualche secondo e fate un'uscita rilassante. Virate, salite di quota o continuate a volare in linea retta. Ricordate che per ottenere una ripresa fluida, la chiusura è molto importante.

Iniziate dolcemente, volate lungo la ripresa e terminate in relax, girando qualche secondo in più prima e dopo. Facendo così otterrete riprese migliori e a volte piacevoli sorprese all'inizio o alla fine, che potreste usare come bonus. Ci saranno momenti in cui infrangerete queste regole, per esempio con lunghe riprese molto avvincenti. In generale, però, in post-produzione lavorerete principalmente con clip piuttosto brevi.

Bene. Ora sapete che è necessario realizzare riprese fluide e conoscete le tre parti di una buona ripresa aerea. È il momento di esaminare le tipologie di riprese che potete realizzare. Questo non è un elenco esaustivo di tutti i movimenti possibili, ma certamente vi darà delle idee per le vostre prossime riprese aeree.

5.5 Realizzazione di una ripresa.

# MOVIMENTI VIDEO

Nel mondo dei video, ci sono due tipi principali di movimenti della telecamera: quelli statici e quelli dinamici. Quando la telecamera è in posizione fissa, per esempio su un treppiede, effettua movimenti statici. Quando la telecamera si muove realmente, è una ripresa dinamica: sono incluse panoramiche, inclinazioni, zoom, carrellate, montaggio su dolly o su boom. Osserviamo in dettaglio questi movimenti della telecamera e come vi riguardano in qualità di pilota del drone. Vi sento dire: "Un attimo, noi pilotiamo un drone. Non possiamo andare ovunque vogliamo?". Certo che potete. Quello è il volo libero, che certamente ha una sua funzione. Ma è meglio che non tutte le vostre riprese siano libere e imprevedibili. Il pubblico è abituato a vedere un certo tipo di riprese, che aiutano a raccontare la storia, quindi vale la pena conoscerle. Non siete in alcun modo costretti a usarle, ma conoscerle ed esercitarvi non vi farà male.

Non dimenticate anche di scegliere la traiettoria di volo per seguire la miglior direzione della luce. In generale, è meglio avere il sole o la sorgente luminosa alle spalle. Fanno eccezione le riprese in cui volete includere il tramonto o la foschia atmosferica. Il fumo, la nebbia e la foschia si vedono meglio in controluce. Ricordate che volando con la luce davanti alla telecamera apparirà spesso uno sfarfallio nella parte superiore del video. Si tratta dell'ombra delle eliche proiettata sull'obiettivo. Per evitarlo inclinate la telecamera verso il basso, volate più lentamente o riprendete in direzione opposta alla sorgente luminosa.

## Video statico

Quando la telecamera non si muove si gira un video statico. Tutto il movimento ha luogo nella scena inquadrata. Si tratta di un tipo di ripresa davvero molto potente, che non dovrebbe essere ignorato: solo perché abbiamo la possibilità di muoverci liberamente, non significa che dobbiamo farlo di continuo. Grazie ai satelliti e ai sensori ottici di posizionamento, i droni multielica sono in grado di stazionare in posizione con spostamenti minimi o nulli. Potete realizzare splendide riprese inquadrando la scena e registrando l'azione che si svolge davanti alla telecamera. In effetti, se non avete mai realizzato video con un drone, vi consiglio di fare esperienza girando qualche ripresa statica prima di realizzare video dinamici. Anche se siete degli esperti, chiedetevi: "Questa ripresa richiede movimenti della telecamera?". Troppo movimento può stimolare lo stomaco degli spettatori più dei loro cuori.

I video statici sono anche un'ottima opportunità di girare ad alta frequenza per ottenere riprese al rallentatore. Volate in posizione, effettuate lievi regolazioni per ottenere un'inquadratura perfetta e girate, per esempio, a 120 fps.

**5.6** Ripresa statica.

## Video dinamico

Le riprese che realizzerete più frequentemente con il drone saranno dinamiche, ovvero con il drone in movimento. Ci sono molte possibilità di movimento. Inizieremo con i movimenti tradizionali e proseguiremo poi con i movimenti propri delle riprese aeree. La chiave per questo tipo di movimenti è non avere fretta e muoversi lentamente e fluidamente.

## Movimenti su un singolo asse

Iniziamo con i movimenti di base, che non richiedono grandi spostamenti o particolari abilità per essere eseguiti.

### PANORAMICA ORIZZONTALE

Si realizza semplicemente mantenendo la posizione e facendo ruotare la telecamera orizzontalmente (**Figura 5.7**). È un tipo di ripresa molto comune con la telecamera montata su un treppiede con testa fluida. Con il vostro velivolo si realizza imbardando leggermente con il joystick sinistro. Se possedete un drone simile all'Inspire, potete mantenerlo fermo facendo ruotare solo la telecamera. Potete scorrere lentamente lungo una scena per rivelarla offrendone una visione più ampia. *Panoramica* è un termine coniato intorno al 1920 e deriva da *panorama*. Con questo tipo di ripresa si realizza un panorama video.

Un secondo tipo di panoramica è quando si segue un'azione da una posizione statica. Passa un'automobile o magari una barca, e voi seguite l'oggetto facendo ruotare la telecamera. Produce un effetto diverso da una ripresa a inseguimento. Quando siete fermi e l'oggetto vi passa davanti, vi trovate nel ruolo dello spettatore che guarda ciò che accade anziché essere coinvolto nell'azione. Può essere un'ottima ripresa in controcampo.

**5.7** Panoramica.

### PANORAMICA VERTICALE

La panoramica verticale è molto simile alla panoramica orizzontale. In realtà è assolutamente identica, tranne che viene realizzata dall'alto al basso (o viceversa) anziché orizzontalmente. Psicologicamente crea una sensazione di maggiore insicurezza, eccitazione e rischio rispetto alla tranquilla panoramica orizzontale.

La panoramica verticale si realizza inclinando il gimbal. La maggior parte dei droni ha una rotella integrata nel controller che permette di inclinare la telecamera da remoto. A volte effettuerete solo questo movimento, per esempio quando mostrate lentamente un alto edificio. Più spesso combinerete l'inclinazione con altri movimenti, per esempio la ripresa a gru.

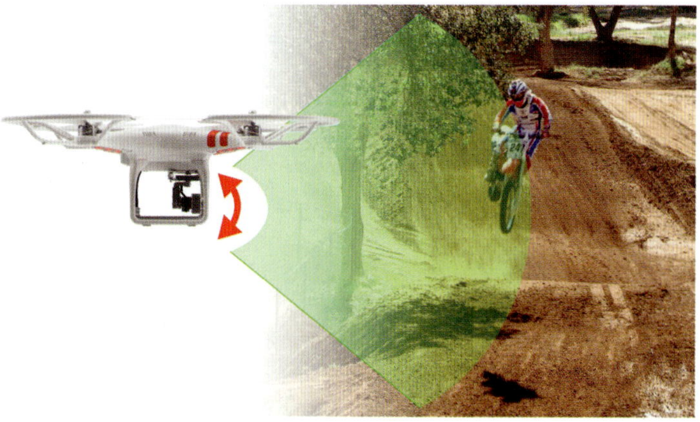

**5.8** Panoramica verticale.

## CARRELLATA

Il termine carrellata (o ripresa dolly) indica uno spostamento della telecamera da un lato all'altro o avanti e indietro. Sui set cinematografici spesso a questo scopo viene posata un'apposita rotaia. La telecamera viene montata su un carrellino che, muovendosi sulle rotaie, permette di realizzare movimenti molto fluidi.

**5.9** Carrellata.

Realizzare riprese a scorrimento laterale può aggiungere interesse visivo ai vostri video. Sono molto efficaci quando iniziano dietro un ostacolo scivolando poi nell'azione. Si può anche finire dietro un ostacolo, usandolo come forte effetto di transizione per passare a un'altra ripresa.

Per realizzare questo tipo di ripresa, dovrete volare lateralmente mantenendo la telecamera rivolta in avanti. All'inizio può essere un po' scomodo, e può essere difficile volare in linea retta. Anche se sembra semplice, la difficoltà è data dall'orientamento e dal riflesso di spingere il joystick nel senso sbagliato. Con qualche ora di esercizio padroneggerete questo movimento.

### ZOOM

Diversamente dagli altri movimenti, quasi tutti sanno cos'è lo zoom. Si tratta dello stesso effetto che si ottiene con lo zoom di una fotocamera. La maggior parte delle telecamere aeree non dispone di uno zoom dinamico, perché monta un obiettivo a focale fissa. Le regole che valgono a terra per un obiettivo a focale fissa si applicano anche in volo. Come si può zoomare con un obiettivo a focale fissa? Con i piedi, camminando in avanti e indietro. In questa situazione, volando più vicino o allontanandovi. Spostare la telecamera non è esattamente come zoomare. Quando l'obiettivo si allunga, la prospettiva si comprime, dando l'impressione che lo sfondo si avvicini al soggetto. Con un obiettivo ampio è vero il contrario: la prospettiva si allunga e la distanza tra soggetto e sfondo appare maggiore, come nelle classiche foto delle stanze d'albergo: sembrano enormi finché non ci entrate e non riuscite a farci stare la valigia.

Se qualcuno dubita delle differenze tra zoom e movimento fisico della telecamera, osservi i movimenti esemplari della cinepresa di Hitchcock in *Vertigo*. Quando la cinepresa si sposta indietro, l'obiettivo fa uno zoom in avanti alla stessa velocità, mantenendo uguale la dimensione del soggetto mentre lo sfondo si espande o si comprime. Questo movimento è noto come carrellata zoom.

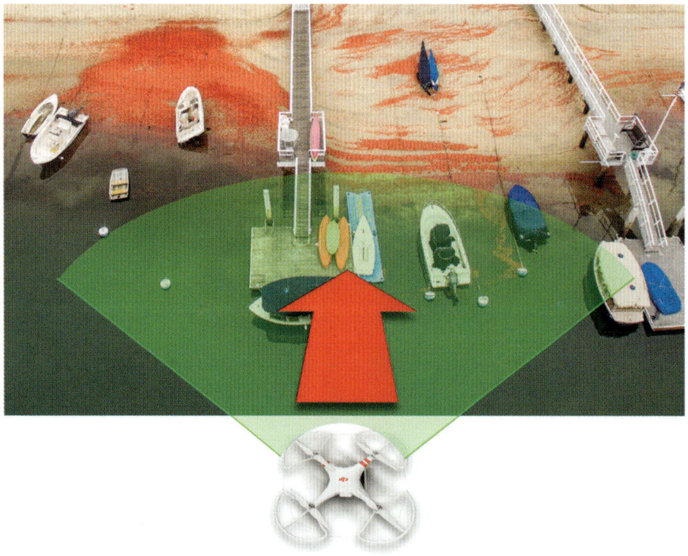

**5.10** Zoom.

Fatemi citare brevemente lo zoom digitale. Lo zoom ottico è un vero zoom, che modifica il campo visivo grazie al movimento delle lenti. Lo zoom digitale invece ingrandisce solo i pixel sul sensore e non avvicina il soggetto. Questo rende l'immagine meno nitida e genera disturbo e artefatti. Lo zoom digitale equivale a ritagliare un'immagine in post-produzione e ingrandirla, ma il risultato non è molto soddisfacente. Vi suggerisco di evitarlo. Per quanto possa apparire interessante, otterrete solo immagini sgranate e di scarsa qualità.

### ROLLIO (O INCLINAZIONE LATERALE)

Il rollio consiste nell'inclinazione della telecamera da un lato all'altro. Potreste pensare che questa non sia una ripresa realizzabile anche con un drone. È una ripresa non comune, ma a volte può essere utile. Senza attrezzature speciali, ci sono due modi per realizzarla.

- **Impostate il gimbal per la FPV.** Nell'app DJI Go ci sono due opzioni per il gimbal: FPV e Follow. Follow realizza riprese livellate, che in genere sono preferibili. Impostando la modalità FPV la telecamera si inclina seguendo le virate del velivolo. In questo modo si realizzano riprese che assomigliano ai videogiochi in soggettiva o a ciò che potreste vedere dalla cabina di un aeroplano, offrendo una sensazione realistica di movimento e velocità. L'attenzione si sposta sulla telecamera e sul movimento, quindi utilizzate questa tecnica solo in situazioni adeguate.
- **In post-produzione.** Potete inclinare le vostre riprese utilizzando software come Adobe Premiere Pro o Apple Final Cut Pro. In questo caso dovreste riprendere con un'inquadratura più ampia di quella di cui idealmente avete necessità. Per esempio, se distribuirete il video in 1080, dovreste riprendere a 2.7K (ora capite il motivo per il 2.7K) o a 4K. Avrete così un'ampia superficie extra con cui giocare. Potete animare la rotazione per simulare con il video il rollio o l'inclinazione laterale.

**5.11** Rollio.

## Movimenti della telecamera aerea

Vediamo ora diversi tipi di movimenti della telecamera che potete realizzare con il drone. Sono tipologie di riprese che potrete eseguire mentre pilotate il drone e alcune modalità di movimento suggerite.

### RIPRESA DIMOSTRATIVA

La ripresa dimostrativa è un classico. È la ripresa che definisce l'ambientazione, mostrando agli spettatori la location e impostando l'atmosfera per ciò che accadrà. Di solito si tratta di riprese ampie e distanti. In genere, una ripresa dimostrativa viene effettuata all'inizio di una scena. È anche un modo per comunicare un cambio di location, se ne vengono utilizzate più di una. In passato creare riprese di questo tipo era costoso, e spesso richiedeva l'uso di un elicottero o di una piattaforma aerea (gru). Per questo motivo molti registi usavano per le riprese dimostrative immagini di repertorio. Oggi, con i droni UAV (velivoli a pilotaggio remoto) chiunque può realizzare ottime riprese dimostrative senza dover svaligiare una banca. Questo tipo di ripresa può essere stazionaria, panoramica, rivelatrice o un sorvolo.

**5.12** Ripresa dimostrativa.

### RIVELAZIONE

Molto spesso una rivelazione può essere utilizzata come ripresa dimostrativa, ma non sempre. Mi piacciono le riprese rivelatrici: sono molto potenti. Una rivelazione inizia in un punto e, mentre la telecamera si muove, mostra progressivamente un'area più ampia o qualcosa di inatteso. È un po' come scartare un regalo per gli spettatori.

Una famosa rivelazione è visibile nel film *Independence Day*. Il personaggio di Will Smith sta ritirando il giornale dalla cassetta delle lettere e vede i suoi vicini che caricano i bagagli in auto. Un elicottero li sorvola. La telecamera si inclina lentamente verso l'alto, seguendo il movimento dell'elicottero fino a rivelare una gigantesca nave spaziale che staziona sopra Los Angeles.

**5.13** Ripresa rivelatrice.

Una rivelazione può iniziare inquadrando un ostacolo, per esempio un albero o una collina. Quando la telecamera sale lentamente di quota o scivola lateralmente, la scena si rivela. Potreste iniziare stringendo su un soggetto e poi allontanarvi e salire per rivelarne la posizione. Un altro tipo di rivelazione è il movimento di carrellata con inclinazione: si vola in avanti con la telecamera leggermente inclinata verso il basso. Poi, sempre spostandosi in avanti, la si solleva lentamente per rivelare l'ambiente circostante in modo dinamico, muovendosi nella scena.

Ci sono diversi modi per girare una rivelazione; l'importante è agire con calma e farlo fluidamente. Inoltre, osservate attentamente i dintorni prima di iniziare a filmare. Pianificate le riprese. Dove intendete iniziare e terminare? Dove inizierete a inclinare la telecamera, eventualmente? Ci sono ostacoli sul percorso? C'è qualche linea di forza che potete seguire durante il volo per rendere la ripresa più potente?

### ORBITA

L'orbita è quando si vola in cerchio intorno a un soggetto mantenendo costantemente la telecamera puntata sul bersaglio. L'orbita, o POI (*Point Of Interest*), è una delle mie riprese preferite. Con i droni più recenti, è facile da realizzare con le modalità di volo e ripresa-intelligente. Può anche essere effettuata manualmente, come faccio spesso per avere maggiore flessibilità.

Per volare in orbita:

- puntate la telecamera sull'obiettivo, e scegliete la distanza e l'altitudine desiderate (non dimenticatevi di iniziare a registrare);
- muovete il velivolo verso destra o verso sinistra;
- usate l'imbardata (joystick sinistro) per descrivere un cerchio.

Il joystick destro controlla la velocità, il joystick sinistro la rotazione e la direzione. Potrebbe essere necessario un po' di esercizio per ottenere il giusto coordinamento, ma una volta capita la tecnica sarà facile.

5.14 Orbita.

Ricordate inoltre che su molti droni potete effettuare l'orbita automaticamente. Consultate il manuale operativo per le specifiche istruzioni per il vostro velivolo.

Ecco alcune cose da tenere in considerazione quando si vola in orbita.

- Siate sempre prudenti: non avvicinatevi troppo al soggetto che state riprendendo. Se non siete certi di possedere le competenze necessarie, non tentate di impostare un'orbita difficile intorno a un soggetto o a una persona. Esercitatevi prima a volare intorno a una palla. Nessuna ripresa vale il rischio di causare danni o di far schiantare il vostro costoso drone.
- Se volate in orbita intorno a un grande edificio, assicuratevi di volare abbastanza in alto da poter mantenere costantemente il contatto visivo con il velivolo. Volando dietro alla struttura potreste perdere il segnale radio e il controllo del drone!
- Non tutte le orbite devono completare il cerchio. Molto spesso è sufficiente un semicerchio per ottenere la ripresa necessaria. Probabilmente userete un semicerchio anziché un cerchio completo, montando un segmento che combina diverse riprese.

### SORVOLO

Penso che il nome di questo movimento dica già tutto. È una ripresa divertente e a volte difficile da realizzare. Si effettua volando proprio al centro della scena in modo lento e costante. Se avete bisogno di più velocità, la maggior parte delle volte potrete accelerarla un po' in postproduzione. Se volate troppo velocemente vedrete le eliche nella ripresa. Nella maggior parte dei casi la telecamera punta dritta in avanti; occasionalmente punterà all'indietro.

Prima di un sorvolo, pianificate la traiettoria di volo. In quale direzione volerete, dove inizierete a riprendere e dove terminerete? Provate a individuare un percorso di volo interessante che segua qualcosa sul terreno. Potreste sorvolare un oggetto in movimento, per esempio un'automobile o una bicicletta. Cercate elementi come strade e sentieri da usare come linee di forza.

Quando avrete una maggiore esperienza potreste trovare alcuni elementi interessanti da sorvolare per migliorare ulteriormente le riprese, per esempio le cime degli alberi, il colmo di un tetto ripreso da vicino o una grande apertura. Queste ambientazioni arricchiscono molto una ripresa, e in realtà non è necessario avvicinarsi troppo.

**5.15** Sorvolo.

Il sorvolo coinvolge il pubblico e gli dona la sensazione di essere presente sulla scena, come se fosse lo spettatore a volare. Spesso utilizzerete la FPV per pilotare un sorvolo. Se utilizzate un dispositivo FPV, assicuratevi di essere sempre affiancati da un osservatore per il controllo visivo del velivolo.

## VOLO RADENTE

Il volo radente è molto simile al sorvolo, con una differenza sostanziale. Nel sorvolo la telecamera di norma è puntata nella direzione di marcia. Nel volo radente la telecamera ruota per rimanere sempre puntata su un oggetto mentre il drone vola in linea retta. Realizzare un volo radente perfetto e fluido è complesso, perché implica la rotazione del drone durante il volo in linea retta. Fa eccezione l'Inspire, con il quale è possibile ruotare la telecamera indipendentemente dal velivolo.

Il modo più semplice per realizzare una ripresa a volo radente è usare le modalità di volo intelligente o CIO (Comando Intelligente di Orientamento). In generale, il muso del velivolo è sempre puntato in avanti. Ogni volta che spingete in avanti il joystick destro, il velivolo si muoverà nella direzione in cui il muso è puntato.

Se si utilizza il CIO e si attiva la funzione Blocco orientamento (Course Lock), le cose cambiano. Attivando il blocco orientamento e spingendo in avanti il joystick si definisce la rotta o direzione di volo. Lungo quella rotta potete far ruotare l'aereo senza modificare la direzione di volo. Pensate al velivolo come a un frisbee: anche se ruota su se stesso, continua a viaggiare in linea retta. Il blocco orientamento è un ottimo modo per realizzare riprese a volo radente.

Un modo ancora più semplice per realizzare un volo radente con un velivolo DJI consiste nell'utilizzo dei waypoint (Cable Cam sul 3DR Solo). Definite due waypoint che facciano viaggiare il velivolo lungo la rotta desiderata per il volo radente. Impostate la telecamera in modalità Free (nell'app DJI Go). Ora il drone volerà automaticamente lungo il percorso impostato con i waypoint, lasciandovi liberi di ruotare il velivolo o la telecamera mantenendo la rotta in linea retta.

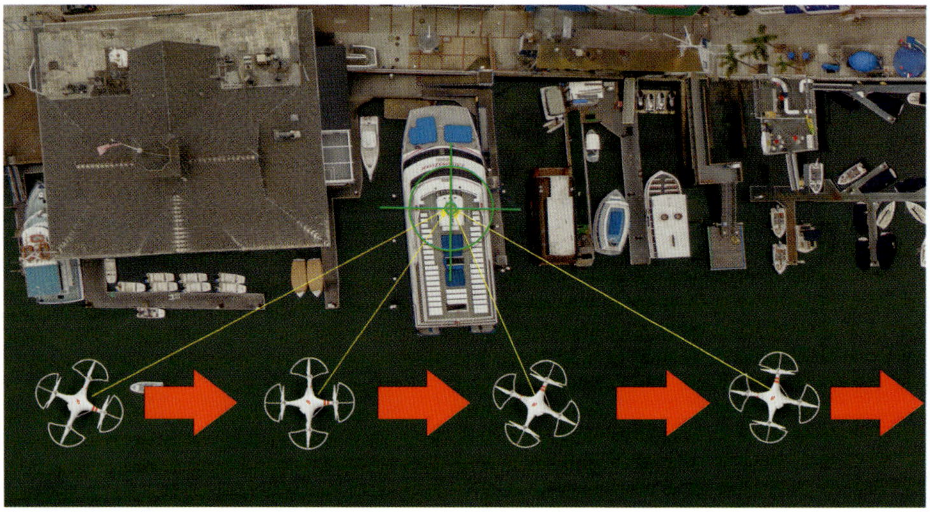

5.16 Volo radente.

## CARRELLO ELEVATORE (O SPOSTAMENTO SU PIEDISTALLO)

La ripresa con carrello elevatore viene realizzata spostando la telecamera verticalmente verso l'alto o verso il basso. Ci sono due tipi di ripresa con carrello elevatore. La prima è quando la telecamera resta ferma e segue il movimento del drone verso l'alto o verso il basso. Può essere puntata in avanti e riprendere qualcosa come un edificio. L'effetto è un movimento di carrellata verticale, che una volta sarebbe stato realizzato con una piattaforma aerea o un braccio meccanico telescopico.

L'altro tipo di ripresa con carrello elevatore è quando il velivolo cambia quota ma la telecamera rimane fissa sul soggetto e si inclina. La parte più impegnativa della realizzazione di una buona ripresa con carrello elevatore di questo tipo consiste nell'inclinare fluidamente la telecamera mentre l'altitudine cambia. Se eseguito correttamente, il movimento della telecamera non si noterà: vedrete solo il cambiamento di altitudine, di angolazione e della relazione tra soggetto e sfondo. Il soggetto dovrebbe rimanere piuttosto fisso.

Per realizzare questo tipo di ripresa, dovete esercitarvi con la rotella per muovere il gimbal. Fate pratica inclinando il gimbal lentamente e morbidamente mentre cambiate altitudine e mantenendo il soggetto al centro dello schermo. Nell'app DJI Go ci sono impostazioni che possono aiutarvi. Selezionate le impostazioni Gimbal e impostate la velocità della rotella a un livello di sensibilità che vada bene per voi.

Un'altra impostazione è Smooth Track, pensata per facilitare il controllo del gimbal. Facilitare in che modo? Immaginate di chiudere una porta a una velocità costante: finireste sempre per sbatterla. Fateci caso la prossima volta che ne chiudete una: un attimo prima che sia chiusa, rallentate il movimento per accostarla dolcemente ed evitare che sbatta. Ugualmente, un treno non si arresta di colpo. Si tratta di un'azione che rallenta o accelera un movimento rendendolo

5.17 Inclinazione del carrello elevatore.

più fluido. È esattamente ciò che fa l'impostazione Smooth Track. Sembra che il gimbal sia montato su una grande fascia elastica anziché su un supporto d'acciaio. Scegliete l'impostazione che preferite per rendere fluidi i movimenti del gimbal.

La modalità Active Track del Phantom 4 può supportarvi in questo tipo di riprese con carrello elevatore. Se in Active Track bloccate un soggetto e non premete Go, potete modificare l'altitudine e la telecamera rimarrà fissa sul soggetto.

### INSEGUIMENTO

L'inseguimento è un tipo di ripresa molto utilizzato nei film di James Bond e nelle pubblicità delle automobili. Questi video si realizzano attaccando telecamere stabilizzate su grandi bracci meccanici telescopici montati su veicoli in movimento, a volte anche dei camion. Il veicolo segue l'azione, che può essere effettuata da un'altra auto, un cavallo, uno skateboarder o una persona che corre lungo la strada. La telecamera insegue l'azione ovunque vada. Sono tra le riprese più interessanti da vedere e anche tra le più difficili da realizzare.

Usando il vostro velivolo, potrete seguire l'obiettivo e riprenderlo dall'alto, da dietro, di lato o di fronte. Mantenere la stessa velocità di un oggetto in movimento è piuttosto difficile, specialmente da distanza ravvicinata. Se tutto viene pianificato in anticipo è un po' più facile, ma non sempre è possibile, come nel caso delle riprese di un surfista o di un evento sportivo. Una sfida ulteriore consiste nell'anticipare gli improvvisi cambi di direzione del soggetto.

5.18 Inseguimento.

Riprendere un buon inseguimento richiede riflessi pronti e una mano morbida. La tentazione è seguire strettamente il soggetto tenendolo al centro del fotogramma. Un approccio migliore è anticipare i suoi spostamenti adattandosi fluidamente e con precisione alla sua velocità e direzione, senza dover effettuare troppe regolazioni. Se sono richieste alcune regolazioni, cercate comunque di evitare movimenti bruschi.

A volte l'azione è così rapida che evitare movimenti improvvisi è impossibile. Ecco un suggerimento per questo tipo di riprese: se possibile, girate in un formato leggermente superiore a quello che vi serve, in 2.7K o 4K, rimanendo un po' più distanti. In questo modo otterrete un'inquadratura dell'azione più ampia, senza doverla regolare costantemente. In post-produzione, passando a un formato ridotto, per mantenere l'inquadratura del soggetto userete il software per animare fluidamente alcuni movimenti della fotocamera.

Oggi si muovono i primi passi nella tecnologia di identificazione e tracciamento degli oggetti con i nostri velivoli. Strumenti come Active Track di DJI e Typhoon di Yuneec (che utilizzano il tracciamento Intel RealSense) promettono di rendere più semplici in futuro le riprese a inseguimento. Usando Active Track, potete regolare la distanza di inseguimento e inclinare la telecamera per mantenere l'inquadratura desiderata. Il progresso tecnologico potrà solo migliorare il tracciamento dei soggetti e l'aggiramento degli ostacoli, rendendo più facile la realizzazione di riprese complesse. Oggi, con i droni più grossi come il DJI M600 il pilotaggio è completamente manuale.

## A VOLO D'UCCELLO (RIPRESA IN PIANTA)

La vista a volo d'uccello è quando la telecamera punta verticalmente verso il basso, come in Google Earth. Il volo d'uccello è una ripresa di grande impatto: è un occhio che guarda dal cielo. Anziché osservare gli oggetti con un'angolazione, li guardate esattamente in verticale dall'alto. Potete volare mantenendo la stessa quota e riprendere realizzando un rilievo. È un'ottima soluzione

5.19 Vista a volo d'uccello.

per mostrare un quartiere o per seguire un'automobile con una ripresa in stile sorveglianza. La ripresa a volo d'uccello diventa particolarmente impattante quando ci si allontana dal soggetto, realizzando un effetto rivelatore aggiuntivo.

Verso la fine della giornata, potete sfruttare le ombre lunghe per ottenere inquadrature a volo d'uccello estremamente interessanti.

## VOLO LIBERO IN STILE STEADICAM

Dagli anni '70, la Steadicam si è aggiunta a molte altre attrezzature del set, come i carrelli. La Steadicam è un supporto per la telecamera bilanciato tramite contrappesi, che viene indossato da un operatore con un'imbracatura. Un abile operatore di Steadicam può spostarsi sul set realizzando movimenti di telecamera estremamente fluidi. Per far funzionare con successo una Steadicam bisogna allenarsi molto ed essere estremamente abili.

Recentemente molte Steadicam vengono sostituite da sistemi gimbal senza eliche come il DJI Ronin e il Freefly Movi, che derivano direttamente dai gimbal installati sui nostri droni.

Quando fate volare il vostro drone, avete la possibilità di volare ovunque vogliate, anche in maniera irregolare come un calabrone, e ottenere comunque riprese fluide grazie al gimbal integrato. Il gimbal è assolutamente necessario per ottenere video fluidi e stabilizzati. È divertente provare il volo libero, in cui si riprende muovendosi senza vincoli su una scena. Non seguite alcuna regola, né sentitevi vincolati dalle consuetudini: volate, riprendete e divertitevi. Non basate tutte le vostre riprese sul volo libero perché finireste per disorientare gli spettatori. Una giusta miscela di movimenti della telecamera fluidi e pianificati e di qualche sequenza di volo libero produce risultati stupefacenti.

Oh, a proposito, c'è un altro movimento della telecamera. Non dimenticate che potete tenere in mano il vostro drone. Accendetelo e avviate la telecamera, ma non fate partire i motori. Usate il drone come un gimbal manuale e spostate manualmente la telecamera attraverso una serie di passaggi particolarmente difficoltosi e ristretti. Gli spettatori si chiederanno come possiate avere capacità di volo tanto straordinarie: questo sarà il nostro piccolo segreto.

**5.20** Volo libero.

CAPITOLO 6

# FLUSSO DI LAVORO BASE IN LIGHTROOM O ACR

**LAVORANDO CON LE FOTOGRAFIE,** metà del flusso di lavoro è la post-produzione. So che esiste una scuola che sostiene che dovreste fare tutto con la fotocamera. Sono d'accordo con questo principio, ma non sono un purista. Credo sia utile usare tutti gli strumenti a disposizione per creare la miglior immagine possibile.

Entro certi limiti, "fare tutto con la fotocamera" è una buona filosofia. Va bene per il giornalismo, ma cosa significa "tutto con la fotocamera"? Scattando in RAW, create un negativo digitale che richiede sempre una post-produzione. In una tradizionale camera oscura si prendono decisioni che influenzano l'aspetto finale di una fotografia: lo stesso accade in una camera oscura digitale (per esempio, il software di post-produzione).

**NEWPORT HARBOR MOUTH, CALIFORNIA - DICEMBRE 2015**
**DJI INSPIRE 1 PRO, ZENMUSE X5 CON OBIETTIVO 15MM DJI**

Panorama HDR multi-immagine ripreso al tramonto. Pano e HDR realizzati in Lightroom CC. Post-produzione in Photoshop CC.

Ho un mantra alternativo: riprendete tutto con il sensore e poi ricavate ciò che vi serve in post-produzione. Perché limitarvi alla sola cattura, la prima parte del processo? La seconda parte è quella in cui potete davvero imprimere il vostro personale stile digitale, la vostra firma, sull'immagine. Imparerete che esistono modi per catturare immagini che si prestano molto bene al vostro stile di post-produzione. La maggior parte delle piccole fotocamere che facciamo volare non dispone della gamma dinamica e della nitidezza delle sorelle terrestri. In genere producono maggiore distorsione poiché scattiamo con un angolo ampio, e il disturbo può diventare rapidamente un problema con i sensori di dimensioni ridotte.

Per la post-produzione delle mie immagini aeree uso principalmente due programmi, ed esamineremo le migliori modalità per applicare i loro strumenti a questo tipo di fotografie. Daremo un'occhiata ad Adobe Photoshop Lightroom e Adobe Photoshop. Queste due applicazioni sono mie alleate da molto tempo. Uso Photoshop dal 1993, quando uscì per la prima volta per PC come versione 2.5. Ho usato Lightroom da quando era in versione beta e ho avuto il privilegio di essere un Adobe Alpha tester per entrambe le applicazioni.

È impossibile analizzare in dettaglio Photoshop e Lightroom senza scrivere un libro di 1000 pagine. Ho fatto carriera creando diversi approfondimenti su questi programmi su PhotoshopCAFE.com.

Ciò che intendo è che questi strumenti Adobe sono stati parte del mio flusso di lavoro da quando ho iniziato a lavorare con le immagini, prima che le fotocamere digitali avessero una qualità accettabile. In un certo senso, la qualità delle prime immagini aeree mi ha riportato al primo periodo della post-produzione delle scansioni digitali delle pellicole. Questo mi ha aiutato, perché quelle immagini hanno richiesto davvero molto lavoro. Lì da qualche parte c'erano ottime immagini, ma bisognava lavorare duramente per farle saltar fuori, e contemporaneamente non si poteva forzare troppo la mano, perché le immagini erano fragili e si sarebbero facilmente sgretolate. Ci voleva il pugno di ferro in un guanto di velluto. Non c'è dimostrazione migliore che aver lavorato con le fotocamere DJI Vision e Vision+. Sono stato in grado far evolvere questo tipo di elaborazione con le fotocamere Phantom 3 e 4 e con le fotocamere Inspire 1, X3 e X5. Condividerò adesso con voi ciò che ho appreso negli ultimi vent'anni, ma filtrato nel contesto del flusso di lavoro che ho sviluppato negli ultimi tre.

Ogni volta che pubblico online un'immagine aerea ricevo domande sul mio metodo di elaborazione. Nelle pagine seguenti spero di rispondere a tutte queste domande e a molto altro. Potete trovarmi su Facebook e Instagram, su cui pubblico quotidianamente immagini aeree, e su PhotoshopCAFE.com. Un avvertimento: il mio flusso di lavoro non è perfetto. Sto ancora sperimentando, imparando e crescendo, quindi vi dirò cosa sto facendo oggi. Alcune di queste tecniche evolveranno, altre no. Intendo stimolarvi a imparare dai miei sforzi, ma a utilizzarli poi come punto di partenza per sviluppare il vostro stile e il vostro personale flusso di lavoro. So che ce la farò! Ma per ora non ho ancora finito il mio lavoro.

6.1 Prima e dopo la post-produzione.

# SCARICARE I FILE: SUGGERIMENTI

**PRIMA DI POTER FARE QUALSIASI COSA,** dovete scaricare le immagini dal velivolo sul vostro computer. Significa che dovete creare un metodo. Le cose principali da tenere in considerazione sono tre.

1. Come scaricherete i file dalle schede di memoria?
2. Dove avete intenzione di metterli?
3. Come li troverete quando ne avrete bisogno in futuro?

## Scaricare i dati

La prima domanda ha una risposta semplice. Per scaricare i file dalla scheda di memoria ci sono tre metodi. Il primo è il trasferimento wireless tramite un'app. La seconda opzione è connettere la fotocamera tramite un cavo, per esempio un USB. Il terzo, che vi suggerisco, è trasferire i file direttamente dalla scheda di memoria usando un lettore di schede. Quest'ultimo è il modo più veloce per "scaricare" i dati e non richiede l'utilizzo delle batterie del drone per essere effettuato.

La maggior parte delle fotocamere aeree usa schede di memoria microSD. Queste minuscole schede possono essere inserite in un adattatore SD e gestite come schede SD. Molti dispositivi, per esempio il MacBook Pro, possiedono uno slot per schede SD, in cui potete introdurre la scheda direttamente. In questo momento, la massima velocità di lettura sul MacBook Pro, 480 Mbit/s, è superiore a quella delle schede più veloci, quindi si tratta di una buona soluzione.

Se usate più schede di memoria, investire su un buon lettore di schede è un'ottima idea. Io uso il Lexar UR2, che supporta UHS2 ed è in grado di trasferire dati contemporaneamente da tre schede microSD. Usate sempre schede di Classe 10 o più veloci. Ne abbiamo parlato nel Capitolo 2.

6.2 Lettore di schede MicroSD.

## Dove li mettete?

La seconda parte dell'equazione riguarda il luogo in cui metterete le immagini. State trasferendo le immagini su un disco rigido. Potrebbe essere un classico disco rotante o un SSD (disco a stato solido), esterno o interno. Dipende tutto dal vostro flusso di lavoro. Personalmente trasferisco le foto e i video su un disco rigido esterno. Dato che giro un sacco di video, ho bisogno di uno spazio di archiviazione flessibile e quindi utilizzo una serie di unità esterne. Sono un forte sostenitore delle unità RAID esterne, per via delle loro dimensioni e della ridondanza. Cerco anche la velocità, quindi una connessione Thunderbolt è perfetta. La USB 3 va bene, ma ha la metà della velocità della Thunderbolt. Evitate la USB 2: è molto più lenta. La USB 3.1 ha la stessa velocità della Thunderbolt. La Thunderbolt 2 è due volte più veloce, e così via. Procuratevi il disco più veloce che potete permettervi: non è tanto importante per le foto, quanto per i video.

## Come li trovate?

A questo punto entra in gioco la gestione delle attività digitali. Potete usare diversi sistemi di gestione: l'importante è mantenere una coerenza. Qualunque sia il sistema di gestione che utilizzerete, assicuratevi di seguirne le regole in modo da non rischiare di cancellare accidentalmente file importanti. Create un sistema per catalogare i file scaricati. È possibile ordinare le cartelle principali e le sottocartelle per fotocamera, data, location o in altri modi.

Personalmente ordino per fotocamera e location. Ho una cartella principale denominata Drone. Sotto questa l'ordine è per fotocamera: GoPro, P2, P3, P4, Inspire e X5. Poi ordino per location: paese, stato, città e, infine, per location specifica. Se giro più volte nella stessa location, creo una cartella numerata per ogni sessione: questo evita che possa sovrascrivere accidentalmente altri file con la stessa denominazione. È qui che scarico i file quando rientro a casa da una ripresa.

La seconda e più importante parte dell'organizzazione sono i metadati. La gestione per file ha i suoi limiti, mentre i metadati sono molto potenti per come rendono veloce l'individuazione dei file; rendono anche più efficiente il controllo delle versioni. Per catalogare tutti i miei video e le mie immagini uso Lightroom. Ho un catalogo per tutte le mie foto aeree e tutte le riprese. Quindi creo raccolte e sottoraccolte. Le raccolte si basano sulle location. Aggiungo anche parole chiave alle immagini quando le importo. Le parole chiave e le raccolte semplificano molto l'individuazione delle immagini per la post-produzione. Molte informazioni come date, orari e coordinate GPS possono essere utili e sono scritte nei file.

In Lightroom potete anche utilizzare le raccolte intelligenti per creare automaticamente raccolte per elementi come immagini HDR e immagini elaborate in post-produzione. Per esempio, io ho creato una raccolta intelligente che raccoglie automaticamente tutti i file TIFF e PSD usati per questo libro. Tutte le immagini che ho elaborato in Lightroom e Photoshop appaiono in questa raccolta, risparmiandomi il tempo di cercare in giro quello che mi serve.

# GESTIONE DELLE ATTIVITÀ IN LIGHTROOM

Non voglio dedicare troppo tempo agli aspetti gestionali delle attività, ma vale la pena dare una rapida occhiata ad alcuni principi di base. Lightroom è un ottimo programma, che si presta bene per le immagini aeree. È un buon luogo dove raccogliere tutte le foto e i video per poterli gestire e individuare in un secondo momento. Per ulteriori funzionalità e un flusso di lavoro più ampio ho creato un corso accelerato di 15 minuti accessibile a questo indirizzo: http://photoshopcafe.com/Learn-Lightroom.

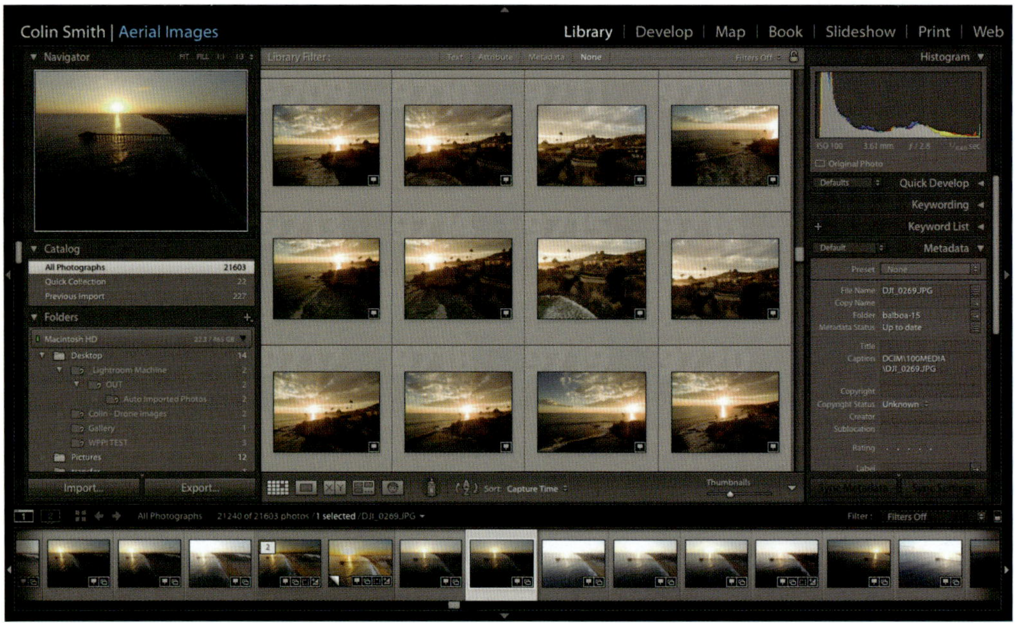


6.3

## Catalogo

Il catalogo è dove salvate tutte le informazioni delle foto. In realtà Lightroom non memorizza le foto. Sa dove sono e crea un riferimento. Per ogni immagine mantiene nel proprio database un piccolo file di testo (denominato XMP). Lightroom è solo un database che vi permette di modificarne le impostazioni. Questo file di testo contiene i dati EXIF scritti dalla fotocamera, per esempio la velocità dell'otturatore, l'ora dello scatto e così via. Memorizza anche i metadati che aggiungete, per esempio le parole chiave, e le impostazioni di sviluppo: le modifiche effettuate in Lightroom come luminosità, contrasto, tonalità ecc. Quando guardate una foto in Lightroom, ciò che vedete è il programma che legge le informazioni testuali e vi mostra l'immagine di conseguenza. Le informazioni si modificano spostando i cursori.

Il database viene chiamato catalogo. In Lightroom potete avere più cataloghi, ma potete aprirne solo uno alla volta. Io ho creato un catalogo che contiene tutte le mie immagini aeree.

Quando desiderate visualizzare tutte le immagini presenti nel vostro catalogo, assicuratevi di fare clic su All Photographs (Tutte le foto) nella parte superiore del pannello Catalog (Catalogo) nel modulo Library (Libreria). Se non scegliete All Photographs non le vedrete tutte, e potreste pensare che alcune siano scomparse. Questo è il punto di partenza (**Figura 6.3**).

Scorrete leggermente verso il basso e vedrete il pannello Folders (Cartelle), che mostra l'effettiva posizione delle immagini fisiche sul disco rigido del vostro computer o sulle unità esterne. Se volete cambiare la posizione delle foto, non fatelo direttamente dal disco, perché Lightroom non saprà dove le avrete spostate. Se invece trascinate le immagini nel pannello Folders, potrete spostarle ed esse cambieranno la posizione fisica sul disco. Per riassumere, spostate all'interno di Lightroom i file indicizzati, non direttamente sulle unità (**Figura 6.4**).

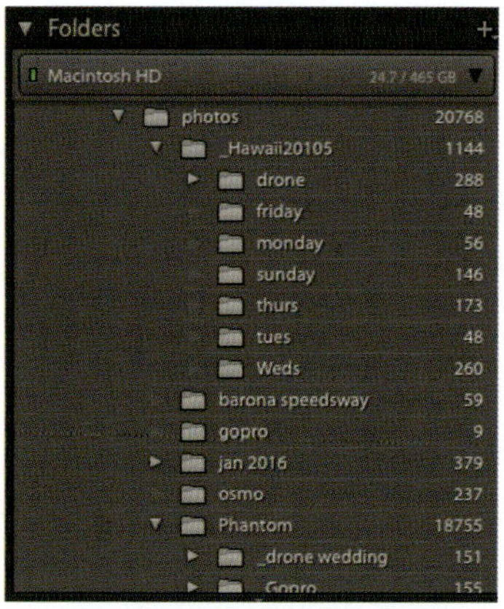


**6.4** Il pannello Folders mostra la posizione fisica delle immagini.

## Raccolte

Ci saranno molte occasioni nelle quali non vorrete vedere tutte le vostre immagini. Magari vi interessano solo le foto di una specifica sessione o di una particolare location. Le raccolte servono proprio a questo. Sono gruppi di immagini tratte dalla libreria completa. Creare raccolte è un'ottima idea, perché potete raggruppare rapidamente le immagini. Facendo clic su una raccolta, vedrete solo le immagini che ne fanno parte (**Figura 6.5**).

Per creare una raccolta, fate clic sul piccolo pulsante + nel pannello Collections (Raccolte) e digitate un nome. Se mentre create la raccolta avete selezionato delle immagini, avrete la possibilità di includerle nella nuova raccolta. Se non ne avete selezionate o decidete di non aggiungere quelle selezionate, avrete una raccolta vuota (**Figura 6.6**).

È possibile aggiungere facilmente immagini a una raccolta trascinandole al suo interno dalla vista Grid (Griglia) o dalle cartelle. Potete aggiungere immagini singole o più immagini contemporaneamente.

Quando aggiungete le immagini a una raccolta, non le spostate dalla loro posizione originale: le state solo raggruppando in Lightroom.

**SUGGERIMENTO** *Potete trascinare una cartella dal pannello Folders nel pannello Collections: in questo modo creerete una nuova raccolta con le immagini presenti nella cartella.*

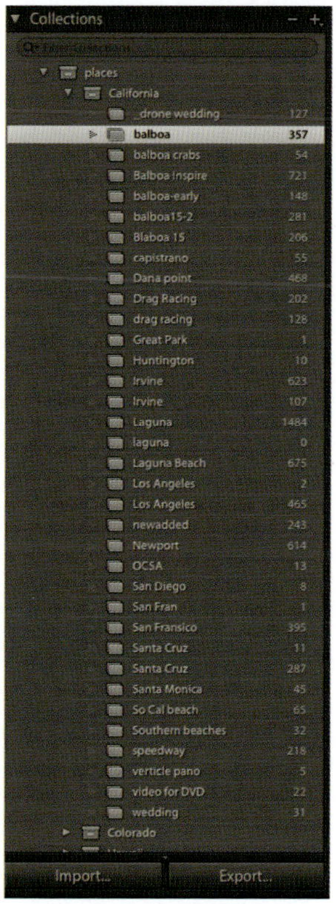


**6.5**

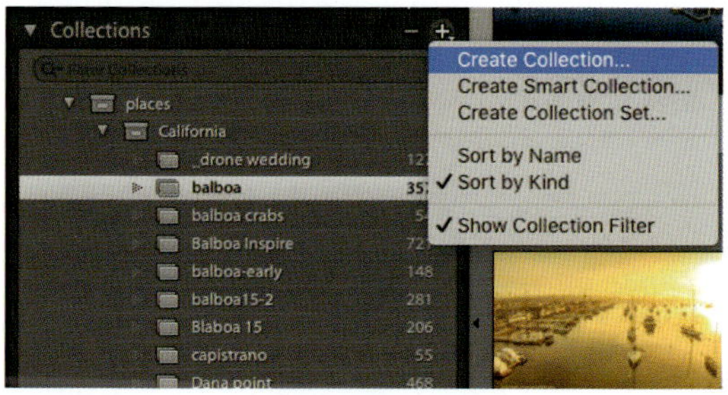


**6.6**

## Parole chiave

Le parole chiave aiutano a trovare le immagini. Potete aggiungere parole chiave tramite il pannello Keywording (Parole chiave) che si trova sul lato destro del modulo Library (Libreria, **Figura 6.7**).

## Trovare le immagini in Lightroom

Tutti questi fantastici metadati non significherebbero molto se non si potessero utilizzare in seguito. Le parole chiave e gli altri metadati possono essere ricercati usando la barra dei filtri di Lightroom. Selezionate View > Show Filter Bar (Visualizza > Mostra barra filtri) oppure premete il tasto \ (**Figura 6.8**). Scegliete uno dei criteri in alto: Text (Testo), Attribute (Attributo), Metadata (Metadati) o None (Nessuno, per disattivare il filtro). Se desiderate cercare nell'intera libreria selezionate All Photographs (Tutte le foto) nel pannello Library, oppure selezionate una raccolta per limitare la ricerca alle foto contenute in essa.

### ATTRIBUTO

Un'utile opzione sulla barra dei filtri è Attribute (Attributo). La uso sempre per visualizzare rapidamente tutti i file video. Per filtrare gli attributi esistono numerose possibilità (**Figura 6.9**). Facendo riferimento alla **Figura 6.10**, in alto a destra ci sono tre pulsanti denominati Type (Tipo). Fate clic sull'ultimo, quello con l'icona della pellicola. Tutte le foto saranno nascoste mentre rimangono visibili solo i file video: è un enorme risparmio di tempo!

## Elaborazioni di base in Lightroom

Lightroom è un buon punto per iniziare a elaborare le immagini. Le regolazioni in Lightroom e in Adobe Camera Raw (ACR) sono identiche. Ciò significa che potete iniziare in Lightroom e, se scegliete di aprire una foto in Photoshop come oggetto avanzato, avrete accesso diretto alle regolazioni di Lightroom tramite ACR. Significa anche che i relativi tutorial funzionano sia per Lightroom che per ACR. Inoltre, ACR e Lightroom non sono limitati al formato RAW. Gestiscono anche i formati JPEG, TIFF e PNG. RAW è il formato preferenziale per fotografare perché un file RAW contiene maggiori informazioni e possiede una gamma dinamica più ampia.

### BREVE NOTA SULLA COMPATIBILITÀ TRA LIGHTROOM E CAMERA RAW

Se utilizzate Adobe Creative Cloud, le ultime versioni di Lightroom e ACR hanno esattamente lo stesso set di funzionalità. Se disponete di una versione precedente di ACR, potete comunque aprire il file di qualsiasi versione di Lightroom, ma avrete la possibilità di lavorare solo con le funzionalità di quella specifica versione di ACR.

- Lightroom 4 era completamente compatibile con Photoshop CS6.
- Lightroom 5 era completamente compatibile con le prime versioni di Photoshop CC.
- Lightroom 6 era completamente compatibile con Photoshop CC 2015.
- Lightroom CC è sempre aggiornato con l'ultima versione di Photoshop CC.

**6.7** Il pannello Keywording.

**6.8**

**6.9**

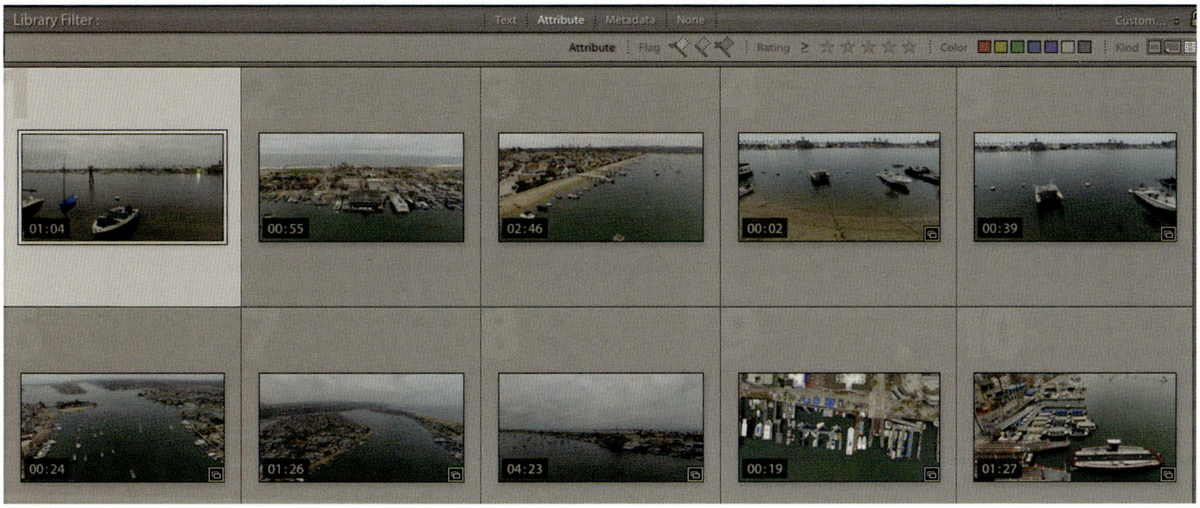


**6.10**

# PROCEDURE IN LIGHTROOM

**VI GUIDERÒ ORA LUNGO** la sequenza e i passaggi di base per modificare le vostre immagini in Lightroom. Il più delle volte questi sono i passaggi che applico a ogni fotografia.

Notate che ACR in Photoshop funziona esattamente nello stesso modo, con le stesse impostazioni. Potete aprire un file RAW in Photoshop o in Bridge. Solo in Photoshop CC è possibile accedere ad ACR come filtro.

## Correggere l'obiettivo

La prima cosa che dobbiamo fare è rimuovere la distorsione generata dall'obiettivo. Di solito le fotocamere GoPro producono più distorsione rispetto alla maggior parte delle altre, ma qualsiasi fotocamera grandangolare genera qualche distorsione. Lightroom integra i profili della maggior parte delle fotocamere che utilizzerete. Se così non fosse, provate il profilo di un modello simile e verificate il risultato ottenuto (**Figure 6.11A—6.11C**).

1. Nella barra superiore di Lightroom passate al modulo Develop (Sviluppo). (Per avere uno spazio di lavoro più ampio ho compresso il pannello sinistro facendo clic sulla freccia sul margine.)
2. Nella colonna a destra, scorrete in basso fino al pannello Lens Corrections (Correzioni obiettivo).
3. Fate clic su Profile (Profilo) e selezionate Enable Profile Corrections (Attiva correzioni profilo).
4. Selezionate la marca della fotocamera. In questo caso è DJI. Vengono supportati molti altri produttori, tra cui GoPro.
5. Selezionate il modello della fotocamera. Una volta fatto, il profilo verrà applicato e dovreste poter vedere una diminuzione della distorsione generata dall'obiettivo (l'effetto fisheye) e della vignettatura (caduta di luminosità ai bordi). Sotto Model (Modello) potreste non trovare esattamente il vostro, quindi cercatene uno simile. In questo momento il Phantom 3 FC300X pare funzionare bene per tutte le fotocamere Phantom 3 e Phantom 4.

6.11A L'immagine originale come scattata.

6.11B Applicazione del profilo dell'obiettivo.

6.11C Immagine prima e dopo, scattata con il Phantom 2. Nessuna regolazione effettuata oltre al profilo dell'obiettivo.

## Ritaglio e raddrizzamento

Il passo successivo è il raddrizzamento dell'immagine. A volte il gimbal non è perfettamente livellato oppure il vento ha scombussolato un po' le cose. In questo caso lo strumento migliore per raddrizzare l'immagine è il pannello Crop & Straighten (Ritaglia e raddrizza, **Figura 6.12**).

1. Fate clic sull'icona Crop (Sovrapposizione ritaglio) in alto a sinistra nel modulo Develop.
2. Fate clic sull'icona Level (Strumento raddrizza) in Angle (Angolo).
3. Trascinate lo strumento lungo la linea dell'orizzonte per raddrizzarla.

Potete anche trascinare manualmente gli angoli per modificare la rotazione dell'immagine. Questo è anche il posto in cui potete ritagliare la fotografia per eliminare elementi di distrazione o, se lo desiderate, per modificare la composizione.

**6.12** Raddrizzamento della linea di orizzonte.

## Correzione del colore

Poiché il colore della luce ambiente cambia in funzione dell'ora del giorno e del fatto che sia coperto o soleggiato, spesso è necessario correggere il colore generale dell'immagine. A volte invece il colore può essere esatto, ma potremmo desiderare di renderlo più caldo o modificarlo creativamente.

Ecco come correggere il colore di un'immagine (**Figura 6.13**).

1. Nel pannello Basic (Base) del modulo Develop, fate clic sullo strumento Eyedropper (Selettore bilanciamento bianco).

2. Posizionatelo su un'area che normalmente dovrebbe essere visualizzata come grigio neutro o bianco. In genere funziona meglio il grigio, perché il bianco è bruciato. Vedrete una griglia per identificare l'esatto colore su cui il contagocce è posizionato.
3. Fate clic sul grigio per applicare la correzione colore. Se non vi soddisfa, provate a fare clic in un punto diverso.

6.13 Applicazione della correzione cromatica.

6.14 Il risultato della correzione cromatica.

**SUGGERIMENTO PER LA CORREZIONE DEL COLORE** *Verso la fine della giornata, per esempio al tramonto, provate a cercare un'area grigia ombreggiata. Spesso questo produce risultati più naturali.*

Per una correzione manuale del colore potete anche trascinare il cursore Temp (Temperatura).

## Correzione tonale

Passiamo ora alla correzione dei toni. Molte persone iniziano da qui l'editing. Per visualizzare che cosa si stanno perdendo non partendo da un'immagine corretta, osservate come appaiono a questo punto le immagini prima e dopo.

La correzione tonale si ottiene regolando la luminosità dell'immagine, che può essere divisa in tre aree principali: ombre, mezzitoni e alte luci. Le correzioni tonali possono essere effettuate per far apparire l'immagine più naturale, oppure possono essere spinte agli estremi per migliorare l'immagine o per esasperarla. Sentitevi liberi di scegliere lo stile che preferite. Tutte le modifiche si effettuano nel pannello Basic di Lightroom (o di ACR).

### ALTE LUCI

Se osservate l'immagine su cui stiamo lavorando (**Figura 6.14**), noterete che le alte luci sono bruciate. Il cielo è luminoso, percepire gran parte dei colori è difficile e anche le aree più luminose dell'edificio, per esempio i balconi, sono prive di dettaglio.

Ripristiniamo i dettagli delle alte luci spostando il cursore Highlights (Luci). Trascinatelo verso sinistra per recuperare i dettagli nelle alte luci. Raramente c'è un motivo per trascinarlo verso destra. In questo caso abbiamo dovuto trascinarlo completamente a sinistra per recuperare le informazioni che volevamo nelle alte luci. Avere la mano pesante con questa regolazione è abbastanza comune, dato che in fotografia digitale è facile perdere i dettagli delle alte luci (**Figura 6.15**).

Notate che quando un elemento è sovraesposto e completamente bruciato, spostando il cursore Highlights le aree bianche diventeranno grigie e non sarà possibile recuperare alcun dettaglio, perché non sono registrati sul sensore. Siate cauti, perché i grigi e i bianchi lattiginosi non sono gradevoli.

### OMBRE

Il cursore Shadows (Ombre) permette di recuperare i dettagli nelle aree molto scure di una fotografia. Fate attenzione a non esagerare, perché potreste ritrovarvi con un falso aspetto HDR. Non tutte le immagini richiederanno il recupero dei dettagli nelle ombre. Trascinate il cursore verso destra per schiarire le ombre e rivelare i dettagli (**Figura 6.16**).

La regolazione dei cursori Shadows e Highlights rivelerà una maggiore ampiezza della gamma dinamica, che è stata catturata ma nascosta nel file RAW (o, in misura minore, nel file JPEG). L'uso di questi cursori però riduce il contrasto nell'immagine, rendendola un po' sbiadita. Non c'è problema. Non preoccupatevi ora del contrasto: ci arriveremo tra poco. Fate anche attenzione al disturbo. Se aprite troppo le aree in ombra, vedrete apparire nell'immagine la maculatura del disturbo: una quantità contenuta è accettabile, ma una quantità eccessiva rovinerà la fotografia.

6.15

6.16

## ESPOSIZIONE

Il cursore Exposure (Esposizione) regola la luminosità complessiva dell'immagine. Anche se interessa l'intera immagine, è lo strumento con cui si possono regolare i mezzitoni (i grigi). A volte inizio dal cursore Exposure se l'immagine è complessivamente troppo chiara o troppo scura. Sia che inizi dall'esposizione o che prima concluda la regolazione di ombre e luci, in questa fase dell'elaborazione la controllo sempre: serve a garantire l'equilibrio generale. Per correggere l'esposizione trascinate il cursore Exposure verso sinistra per scurire o verso destra per schiarire. In questo caso ho trascinato un minimo il cursore Esposizione, perché non erano necessarie grandi modifiche (**Figura 6.17**).

6.17

## BIANCHI

Ci occupiamo ora dell'impostazione del contrasto dell'immagine. Che cos'è il contrasto? Il contrasto elevato consiste nell'avere bianchi chiari e brillanti e neri profondi nelle ombre: un'immagine più incisiva. Il basso contrasto è come guardare da una finestra sporca: l'immagine può apparire sbiadita.

Trascinate il cursore Contrast (Contrasto) verso destra per aumentarlo, o verso sinistra per diminuirlo ampliando la gamma dinamica. Uso raramente il cursore Contrast perché preferisco controllare separatamente le luci e le ombre. Usando i cursori Blacks (Neri) e Whites (Bianchi) posso scegliere di creare un elevato contrasto nelle ombre e un basso contrasto nelle alte luci.

Ci sono due modalità per utilizzare il cursore Whites. Se sono presenti alte luci o ci sono aree di bianco che sono diventate grigie o lattiginose, spostando il cursore Whites leggermente verso destra è possibile pulirle ripristinando alte luci pulite e brillanti. Questa è la sua principale funzione. Quando è necessario recuperare più alte luci di quelle possibili con il cursore Highlights si esplica la sua funzione secondaria; spostando il cursore Whites leggermente verso sinistra si otterrà una maggiore quantità di dettaglio. Dato che in questa immagine ci sono pochissimi bianchi puri, funziona bene (**Figura 6.18**).

## NERI

Il cursore Blacks si usa per forzare le ombre più scure e prive di dettagli verso il nero puro, creando il massimo contrasto. Un'immagine priva di neri puri può apparire sbiadita e senza corpo. Trascinate verso sinistra il cursore Blacks per scurire le ombre (**Figura 6.19**).

Quando un'ombra è di un nero profondo e priva di dettagli, o quando le alte luci sono di un bianco puro e senza dettagli, si verifica il cosiddetto *clipping*. Il nostro obiettivo è mostrare quanto più

6.18

6.19

dettaglio possibile (mantenendo un buon equilibrio generale). Normalmente userete i cursori dei neri e dei bianchi per aggiungere contrasto evitando il clipping. Ecco un suggerimento per aiutarvi: tenete premuto il tasto Alt (tasto Option su Mac) e spostate il cursore Whites o Blacks. All'inizio l'immagine apparirà completamente bianca. Muovendo il cursore, inizieranno ad apparire alcune zone dell'immagine: sono le zone che verranno tagliate applicando quella regolazione del cursore. Usate questa tecnica per identificare subito l'inizio del clipping e capire quanto a fondo trascinare i cursori (**Figura 6.20**).

6.20

Questo trucchetto serve anche con i cursori Exposure, Shadows e Lights. La **Figura 6.21** mostra un'immagine corretta esattamente sul limite del clipping usando le regolazioni di base. Produce un risultato molto naturale, che molte persone apprezzano. Nel nostro esempio abbiamo leggermente esasperato i dettagli, come mi piace fare con le piccole fotocamere dei Phantom e le GoPro. Con l'Inspire Pro (X5) cerco un risultato più naturale perché il dettaglio del sensore è migliore. Quanto a fondo trascinare i cursori è una scelta assolutamente soggettiva, e ognuno di noi ha le proprie preferenze (**Figura 6.21**).

6.21 Una regolazione naturale non stilizzata. Notate che i cursori Shadows e Lights sono stati spostati molto poco.

## Miglioramenti

Nella sezione Presence (Impatto) nella parte inferiore del pannello Basic troverete ulteriori regolazioni, che consentono di introdurre un po' di creatività.

### CHIAREZZA

Il cursore Clarity (Chiarezza) *non* aumenta la nitidezza, ma introduce un effetto che fa apparire l'immagine più nitida. Questo cursore aumenta il contrasto nei mezzitoni, rendendo più pronunciate le differenze tra i mezzitoni chiari e scuri e quindi più visibili i dettagli dell'immagine. Trascinatelo a destra per far apparire più dettagli in elementi come le rocce e il cielo. Trascinatelo verso sinistra per rendere gli oggetti più morbidi. Io evito di trascinare il cursore verso sinistra, se non in condizioni estreme, per esempio per ridurre bande troppo evidenti (**Figura 6.22**).

6.22

### VIVIDEZZA E SATURAZIONE

I cursori Saturation (Saturazione) e Vibrance (Vividezza) aumentano o riducono la quantità di colore. La differenza è che la vividezza agisce sulle aree con una scarsa quantità di colore saturandole più di quelle che ne hanno già una forte quantità. Questo permette di aggiungere colore evitando il clipping dei colori già esistenti nella foto. Aggiungere un po' di vividezza al cielo, all'acqua e ai tramonti può fare una grande differenza (**Figura 6.23**).

6.23

# CORREZIONI LOCALI

**FINORA ABBIAMO VISTO LE CORREZIONI GLOBALI,** ossia quelle che influenzano tutta l'immagine. A volte però una fotografia ha un buon aspetto ma c'è un'area troppo luminosa o buia che non si riesce a correggere senza rovinare l'intera foto. Questo è il caso in cui sono utili le correzioni locali. Lo strumento che userete di più è Graduated Filter (Filtro graduato), molto utile per i cieli. Poiché il cielo di solito è la sorgente luminosa, spesso è più chiaro del resto dell'immagine. Lo strumento Filtro graduato è un ottimo sistema per scurire il cielo facendo risaltare colori, nuvole e tramonti senza scurire eccessivamente il resto della foto.

La **Figura 6.24** mostra l'immagine originale. La **Figura 6.25** mostra la stessa immagine dopo l'applicazione dell'intero flusso di lavoro mostrato fino a questo punto del capitolo. L'aspetto è abbastanza buono, e abbiamo recuperato una grande quantità di dettagli. Renderemo il cielo un po' più scuro, per rivelare ancora di più quel potente tramonto.

1. Selezionate Graduated Filter nella striscia degli strumenti del modulo Develop.
2. Trascinate lo strumento verticalmente lungo l'immagine dove volete correggerla. Tutto ciò che si trova a un estremo della sfumatura verrà corretto, mentre all'altro estremo non cambierà nulla. La linea centrale delle tre indica il punto medio di fusione delle nuove regolazioni.

6.24 L'immagine originale.

6.25

3. Potete riposizionare la sfumatura in qualsiasi momento trascinando il punto nero.
4. Trascinate una delle linee orizzontali per allargare o stringere la sfumatura, o per farla ruotare.
5. Fate doppio clic sul pulsante Effect (Ripristina) per ripristinare tutte le impostazioni.

Ora useremo i cursori del filtro graduato; sono gli stessi del pannello Basic, a eccezione di Vibrance. Le correzioni si applicano solo all'area definita con il filtro graduato. Potete spostare la sfumatura o modificarne l'intensità e la fusione in qualsiasi momento (**Figure 6.26** e **6.27**).

6.26

6.27

## Pennello di regolazione

Lo strumento più potente per le regolazioni locali è il pennello di regolazione (Adjustment Brush), che permette di pennellare le regolazioni ovunque vogliate, consentendo l'applicazione delle modifiche di base a qualsiasi parte dell'immagine. Ecco un buon modo per utilizzarlo.

Una volta effettuate le regolazioni globali all'immagine mostrata nella **Figura 6.28**, vogliamo aggiungere un po' di dettaglio allo scoglio ma non alla restante parte dell'immagine (**Figure 6.28** e **6.29**).

6.28

6.29

1. Fate clic sul pennello di regolazione per attivarlo.
2. Regolate le impostazioni Size (Dimensione), Feather (Sfumatura; morbidezza), Flow (Flusso; opacità della pittura) e Density (Densità; opacità generale).
3. Attivate Auto Mask (Maschera automatica) se desiderate rilevare i bordi e dipingere all'interno delle linee; altrimenti, disattivatela.
4. Premete il tasto O per sovrapporre la maschera e dipingete l'oggetto che intendete correggere. Una volta terminato, premete nuovamente O per nascondere la sovrapposizione (**Figura 6.30**).
5. Fate doppio clic sul pulsante Effect per annullare le regolazioni.
6. Il risultato è visibile nella **Figura 6.31**.
7. Effettuate le correzioni desiderate sull'area definita dalla maschera.

6.30

6.31

## Rimozione della foschia

A volte nelle immagini si ritrova un sacco di foschia, derivante da nebbia, inquinamento o diverse altre cause. In Lightroom esiste un cursore apposito: si chiama Dehaze (Rimozione foschia) e, ironia della sorte, è stato presentato in un evento Adobe Max nella nebbiosa Los Angeles. Non lo userete molto spesso, ma è bello sapere che c'è per quando vi potrà essere utile.

La **Figura 6.32** mostra una foto in cui è presente una foschia davvero forte. Il problema è che moltissimi dettagli sono... offuscati. Andate nel pannello Effects (Effetti) del modulo Develop. Dehaze è in fondo (si trova anche nelle regolazioni locali, come il filtro graduato). Trascinate il cursore verso destra per eliminare la foschia, verso sinistra per aggiungerne (**Figura 6.33**).

6.32

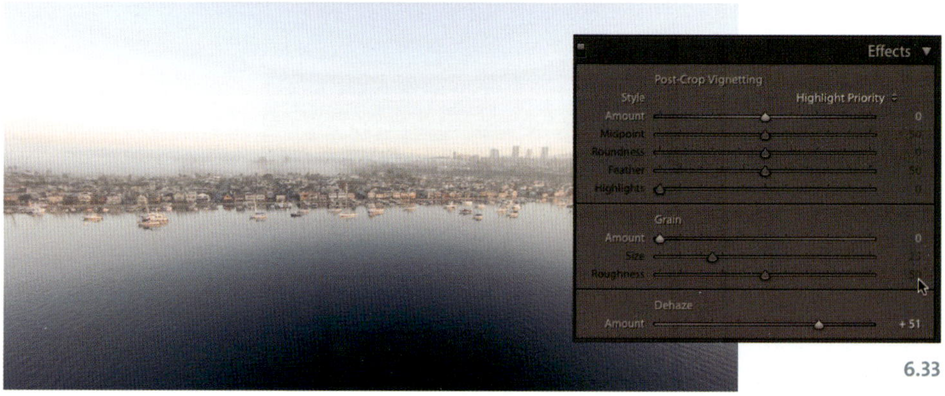


6.33

Ora potete vedere il notevole risultato di questo piccolo ma potente cursore (**Figura 6.34**).

6.34

# CORREGGERE I DIFETTI

In ogni fotografia può esserci qualche difetto, ma quando pubblicate le immagini sui social media, potrebbero essere troppo piccole per notarli. Se però avete intenzione di stampare una qualsiasi delle vostre foto, dovete sapere assolutamente come risolvere questi problemi.

## Disturbo

Potete pensare al disturbo come alla grana delle pellicole: la differenza è che alcune persone apprezzano la grana della pellicola perché è una conseguenza naturale del modo in cui eravamo abituati a realizzare le immagini. Il disturbo è solo un difetto, e non è un attraente tipo di grana. Il disturbo è una conseguenza del sensore quando lavora duro per catturare i dettagli. Ecco le tre principali cause del disturbo.

- Fotografare in condizioni di luce scarsa. Il disturbo si evidenzia particolarmente nelle ombre.
- Fotografare con un valore ISO molto elevato. Molte fotocamere dei droni mostreranno il disturbo con ogni valore ISO superiore a 100. Effettuate qualche scatto di prova per capire con quale valore ISO il disturbo inizi a diventare inaccettabile con la vostra fotocamera, e in seguito evitate di superarlo. Quando il valore ISO è elevato, aumenta la sensibilità del sensore, che produce disturbo.

- Il sensore si sta surriscaldando. Se state girando una grande quantità di video senza un periodo di raffreddamento tra le riprese, potreste iniziare a visualizzare del disturbo.

La **Figura 6.35** contiene disturbo, che non è facile da visualizzare se non con un forte ingrandimento.

Nella **Figura 6.36** il disturbo si vede chiaramente. Per ridurlo e aumentare la nitidezza vi consiglio caldamente di ingrandire l'immagine al 100%. Ci sono due tipi di disturbo: il disturbo cromatico e il disturbo di luminanza. Il disturbo cromatico si manifesta quando la grana dell'immagine contiene dei puntini colorati che non esistono nella realtà. Si tratta del tipo di disturbo più facile da ridurre, e di solito una minima quantità di riduzione del disturbo cromatico risolve il problema.

Nel pannello Detail (Dettagli) cercate Noise Reduction (Riduzione disturbo). Trascinate il cursore Color (Colori) verso destra finché il colore della grana appare uniforme e i puntini colorati spariscono (**Figura 6.37**).

Il secondo tipo di disturbo è il disturbo di luminanza: si tratta della struttura della grana che diventa visibile: puntini ovunque. Ho scelto questa specifica immagine perché è facile vedere l'effetto collaterale della riduzione del disturbo nelle tracce di pneumatico nella sabbia. Trascinate il cursore Luminance (Luminanza) verso destra fino a ridurre o eliminare il disturbo. Giocate con i cursori Detail (Dettagli) e Contrast (Contrasto) per recuperare quanti più dettagli dell'immagine è possibile. Si tratta davvero di un compromesso tra il livello di disturbo accettabile e la perdita di sottili dettagli nell'immagine. In questo caso sono intervenuto pesantemente, intorno al 100%, forse troppo, ma volevo che vedeste chiaramente la differenza (**Figura 6.38**).

**6.35** In questa immagine è visibile il disturbo.

**6.36**

Histogram
Lens Corrections
Basic
Profile
Color
Manual

6.37

Histogram
Detail
Lens Corrections
Basic
Profile
Color
Manual
Effects
Previous
Reset

6.38

6.39

Riducete l'ingrandimento e vedrete l'effetto della riduzione del disturbo sull'intera immagine. La **Figura 6.39** dovrebbe essere abbastanza adeguata per un post sui social media, ma per la stampa sarà opportuno ridurre un po' il valore di luminanza. Ricordatevi che non abbiamo ancora aumentato la nitidezza, e questa ci restituirà un po' di dettaglio: tratteremo la nitidezza alla fine del capitolo (**Figura 6.39**).

## Aberrazione cromatica

L'aberrazione cromatica, nota anche alone di colore, è provocata dai diversi colori della luce che colpiscono l'obiettivo e il sensore con differenti lunghezze d'onda. Un modo più semplice per spiegarla è osservare un'immagine con un ingrandimento del 200%. La **Figura 6.40**, per esempio, mostra un alone viola intorno alle prue bianche del catamarano.

6.40

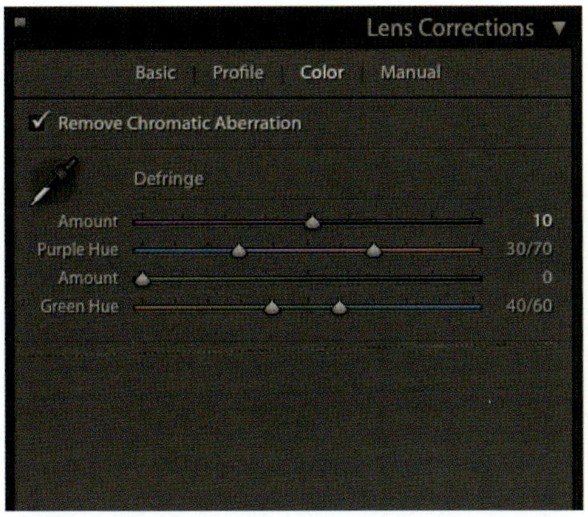


6.41

6.42

Nel pannello Lens Correction (Correzioni obiettivo) fate clic sulla scheda Color (Colore) per visualizzare gli strumenti per l'eliminazione del margine (Defringe). Spuntate la casella di controllo Remove Chromatic Aberration (Rimuovi aberrazione cromatica) e regolate il cursore Amount (Fattore) per ridurre o eliminare il problema (**Figure 6.41** e **6.42**).

# TECNICHE DI RIFINITURA

**QUESTE TECNICHE** non serviranno per tutte le foto che elaborerete, ma penso che al bisogno le troverete molto utili.

## Filtro radiale

La regolazione Radial Filter (Filtro radiale) è estremamente utile quando è necessario concentrare lo sguardo dell'osservatore su una porzione dell'immagine. Funziona come il filtro graduato, ma ha una forma circolare od ovale che può assumere qualsiasi dimensione, angolazione o posizione. La modifica può essere applicata internamente o esternamente alla selezione ellittica.

Nella **Figura 6.43**, l'ambiente generale ha un aspetto gradevole, ma il soggetto, la nave, è un po' spento. Vogliamo schiarire questa zona, come se la illuminassimo con un riflettore, senza modificare il resto dell'immagine (**Figura 6.44**).

1. Effettuate una selezione con il filtro radiale.
2. Selezionate Invert Mask (Inverti maschera) per modificare l'interno della selezione.

3. Aumentate il valore dell'esposizione.
4. Correggete la sfumatura in modo che risulti morbida e gradevole.

6.43

6.44

**6.45** Il risultato dell'elaborazione.

Osserviamo un altro esempio. Nella **Figura 6.46** il soggetto è abbastanza luminoso, ma tutto intorno possiamo intervenire in maniera energica.

1. Effettuate una selezione con il filtro radiale. Deselezionate la casella di controllo Invert Mask (**Figura 6.47**).
2. Diminuite il valore dell'esposizione e riducete leggermente la saturazione (Figura 6.47).

Nella **Figura 6.48** potete vedere un risultato completamente diverso ottenuto con il medesimo strumento. Si tratta di uno strumento che potrete utilizzare spesso, e se lo farete con delicatezza le persone non se ne accorgeranno nemmeno.

6.46

Histogram
Original Photo
1
2
Mask
New
Edit
Brush
Feather
Invert Mask
Reset
Close
Basic
Treatment
Color
Black & White
As Shot
Auto

6.47

6.48

## Vignettatura

Uno dei modi più veloci per aggiungere un tocco professionale a una foto e attrarre lo sguardo dello spettatore verso l'immagine è l'uso della vignettatura. Sono certo che l'abbiate vista molte volte. Ciò che un tempo era considerato un difetto dell'obiettivo, oggi è un effetto molto diffuso. Una lente rotonda riceve più luce al centro che ai bordi, e questo causa un oscuramento dei margini. In Lightroom esiste un filtro Vignette (Vignettatura), ma non lo utilizzeremo per questa vignettatura creativa. Useremo invece lo strumento nel pannello Effects del modulo Develop.

**6.49** Un'immagine priva di vignettatura.

Mentre la normale vignettatura si applica alla dimensione originale della foto e può essere ritagliata, una vignettatura dopo ritaglio resterà sovrapposta all'immagine, anche dopo che l'avremo ritagliata o ne avremo modificato le dimensioni.

Vediamo gli elementi di una vignettatura (**Figura 6.50**). L'effettiva vignettatura che utilizzerete sarà molto più delicata, ma in questi esempi le impostazioni sono portate all'estremo in modo che possiate vedere chiaramente l'effetto di ciascuna di esse.

- **Amount (Fattore):** verso sinistra scurisce, verso destra schiarisce. In questo caso è completamente nero.
- **Feather (Sfumatura):** ammorbidisce e fonde i bordi. Qui è al minimo, quindi i bordi sono netti.
- **Roundness (Rotondità):** da una forma rettangolare con gli angoli arrotondati a un cerchio perfetto.
- **Midpoint (Punto intermedio):** la dimensione, dagli angoli alla maggior parte dell'immagine.

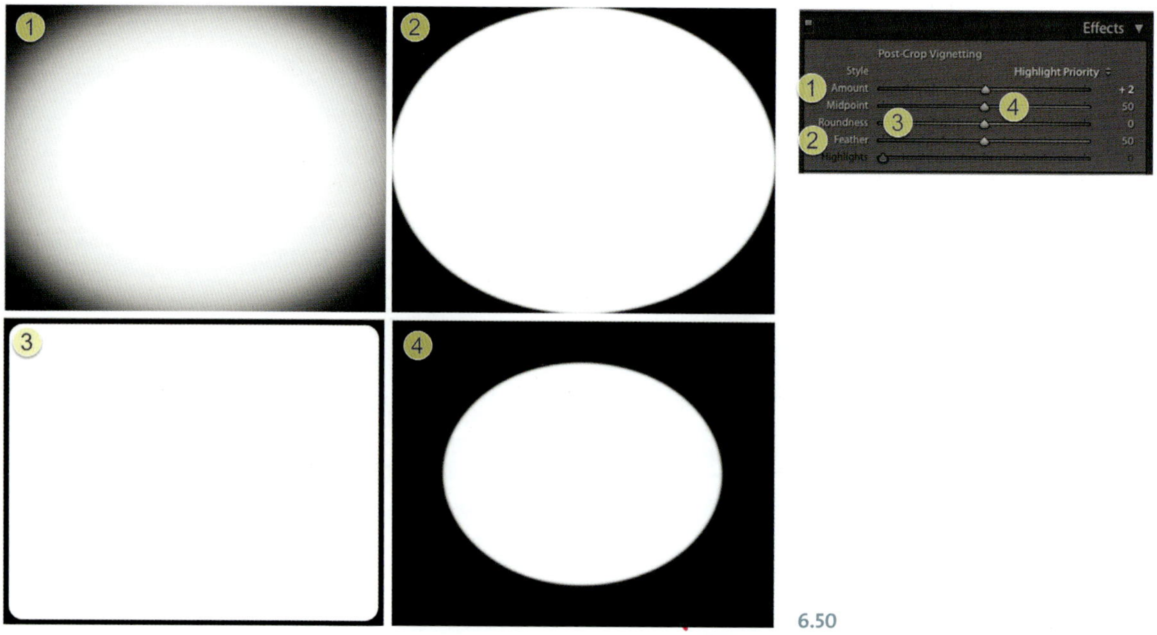


6.50

Ecco alcune impostazioni realistiche e l'applicazione della vignettatura. Noterete che è stata utilizzata per diverse immagini del libro. Dopo aver applicato questo effetto, osservate come attiri la vostra attenzione sull'immagine e le aggiunga una sorta di cornice subliminale.

**6.51** Le diverse impostazioni di una vignettatura dopo ritaglio.

## Uso creativo della funzione per rimuovere la foschia

Abbiamo già parlato della regolazione Dehaze (Rimozione foschia), ma ora voglio condividere un paio di applicazioni creative di questo effetto. Non le userete spesso, ma è bello sapere che esistono in caso di necessità. Potete usarle in associazione con il filtro graduato per aumentare o diminuire l'atmosfera.

Applicate il filtro graduato e azzeratelo.

Riducete leggermente la foschia e osservate come vengano valorizzati il cielo e le nuvole.

Potete anche creare l'effetto opposto aumentando la foschia per creare un lieve offuscamento dell'immagine.

In questo esempio abbiamo aggiunto il filtro graduato e abbassato il valore del cursore Dehaze.

**6.52** Immagine elaborata senza rimozione della foschia.

**6.53** La rimozione della foschia consente di aggiungere vigore alle nuvole e al cielo.

**6.54** L'immagine prima di ridurre il valore del cursore Dehaze.

**6.55** L'immagine dopo la riduzione del valore di Dehaze nell'area a cui è stato applicato il filtro graduato. Sembra che sia calata la nebbia.

# NITIDEZZA

**TERMINIAMO IL CAPITOLO** parlando di nitidezza. Tutti gli obiettivi creano una leggera sfocatura, quindi è necessario ripristinare un po' di nitidezza. Lightroom applica automaticamente un po' di nitidezza a ogni immagine durante l'elaborazione. Molto spesso potreste volerne aggiungere in maggiore quantità.

L'importante è mantenere la nitidezza fino alla fine. Spesso salvo una versione delle immagini a cui la nitidezza non è stata applicata, o è stata applicata minimamente, in modo che l'ultimo passaggio (la nitidezza di rifinitura) dipenda da come verrà utilizzata la fotografia. Se intendete stampare l'immagine, sarà necessaria più nitidezza rispetto alla pubblicazione su Facebook o Instagram.

Il motivo è la risoluzione: più l'immagine è grande, più avrete bisogno di nitidezza. Dipende anche da quanto lo spettatore sarà vicino all'immagine. Se osserverà la foto da molto vicino, troppa nitidezza non sarà indicata, altrimenti si vedranno gli aloni intorno ai dettagli. Tuttavia, se sarà un po' più distante e guarderà l'immagine appesa a una parete, sarà preferibile un po' più di nitidezza, che conferirà all'immagine un aspetto più netto.

Se volete finalizzare l'immagine in Lightroom, aggiungete lì un po' di nitidezza. Se invece continuerete a lavorarla in Photoshop, attendete e aggiungete nitidezza alla fine dell'elaborazione.

## Flusso di lavoro per la nitidezza

Ogni volta che applicate la nitidezza, assicuratevi di visualizzare la foto ingrandita al 100%, in modo da vederne i dettagli.

Il cursore Amount (Fattore) della sezione Sharpening (Nitidezza) definisce la quantità di nitidezza applicata. Iniziate da questo cursore, altrimenti gli altri saranno inattivi (**Figura 6.57**).

Tenete premuto il tasto Alt/Option per visualizzare un'anteprima mentre trascinate il cursore Radius (Raggio). La regolazione del raggio definirà quanto netta sarà la nitidezza applicata ai bordi. La nitidezza si ottiene aggiungendo contrasto intorno alle aree di dettaglio. Aggiungendone troppo inizierete a vedere degli aloni intorno ai bordi. La **Figura 6.59** mostra un raggio minimo.

Con un raggio più ampio, come nella **Figura 6.60**, potete vedere come opera il cursore Radius per creare nitidezza.

La regolazione del cursore Detail (Dettagli) farà risaltare le texture e i dettagli a basso contrasto. Premendo Alt/Option visualizzerete un'anteprima delle aree di dettaglio che vengono rese più nitide. Fate però attenzione: un eccesso di dettagli farà apparire nell'immagine un effetto moiré (**Figura 6.61**).

6.56 Questa immagine mostra la foto ingrandita al 100%, con applicata la nitidezza predefinita.

6.57 Trascinando il cursore Amount tenendo premuto il tasto Alt/Option apparirà una sovrapposizione in bianco e nero che vi permetterà di vedere chiaramente i risultati della nitidezza applicata.

Histogram
Sharpening
Noise Reduction
Lens Corrections
Basic
Profile
Color
Manual
Previous
Reset

6.58

Histogram
Sharpening
Noise Reduction
Lens Corrections
Basic
Profile
Color
Manual
Previous
Set Default...

6.59

Histogram
Sharpening
Noise Reduction
Lens Corrections
Basic
Profile
Color
Manual
Previous
Set Default...

6.60

Histogram
Sharpening
Noise Reduction
Lens Corrections
Basic
Profile
Color
Manual
Previous
Set Default...

6.61

Infine, il cursore Masking (Mascheratura) mantiene la nitidezza riducendo il disturbo o l'effetto moiré che potreste aver introdotto. Trascinando il cursore tenete premuto il tasto Alt/Option per visualizzare dove sarà applicata la nitidezza (aree bianche) e dove sarà mascherata o nascosta (aree nere). Un valore zero non comporta mascheratura e l'anteprima sarà completamente bianca. Un valore 100 comporta una mascheratura completa e l'anteprima sarà completamente nera. Per evitare l'introduzione di disturbo, identificate il valore con cui i bordi e le aree di dettagli importanti sono nitidi mentre quelle più ampie prive di dettagli vengono mascherate (**Figura 6.62**).

Nella **Figura 6.65** potete vedere un'area della foto ingrandita al 100% con applicata la nitidezza. Assicuratevi di esaminare diverse zone della foto per essere sicuri che la nitidezza funzioni sull'intera immagine.

La **Figura 6.66** mostra l'intera immagine senza applicazione della nitidezza.

**6.62**

**6.63** Primo piano di un'area con molto disturbo causato dall'aggiunta di nitidezza.

**6.64** La mascheratura elimina molto di questo disturbo.

6.65

6.66

La **Figura 6.67** mostra l'intera immagine dopo l'applicazione della nitidezza. Potrebbe essere difficile da notare a piena grandezza. Applichiamo la nitidezza per rendere l'immagine più netta, ma non vogliamo che finisca per avere un aspetto evidentemente manipolato.

6.67

# CONCLUSIONI

**IN QUESTO CAPITOLO** avete appreso molte delle correzioni di base delle immagini che costituiranno la maggior parte del vostro lavoro di post-produzione in Lightroom o in ACR. In passato avrei suggerito metodi per svolgere queste attività utilizzando le regolazioni e i filtri di Photoshop. Oggi, tutta l'elaborazione di base si gestisce meglio con uno strumento moderno come Lightroom o ACR, che è più veloce, completamente non distruttivo e produce migliori risultati rispetto alle regolazioni e ai filtri. Ricordate che Lightroom e ACR non sono limitati all'elaborazione di file RAW: sono anche la soluzione migliore per lavorare con file JPEG e TIFF.

C'è poi una serie di interventi che possono essere realizzati solo in Photoshop, o che Photoshop esegue meglio di Lightroom. Li esamineremo nel prossimo capitolo. Con Lightroom, in ogni caso, non abbiamo ancora finito: nel prossimo capitolo tratteremo elaborazioni avanzate come HDR e panoramiche.

CAPITOLO 7

# FOTO EDITING AVANZATO

**IN QUESTO CAPITOLO** applicheremo molte tecniche utilizzate nel capitolo precedente. Inoltre, le espanderemo e ne aumenteremo il livello di complessità. Se non avete ancora letto il capitolo precedente, vi invito a farlo prima di leggere questo.

Ci avventureremo in alcune tecniche più avanzate che implicano il lavoro con diverse immagini e la loro unione e combinazione. Realizzeremo panoramiche e immagini HDR e abbineremo le due tecniche realizzando panoramiche in HDR. Vi proporrò inoltre diverse altre tecniche avanzate e molti suggerimenti per aiutarvi a ottenere i migliori risultati dalle vostre fotografie aeree.

**DOWNTOWN DI LOS ANGELES, CALIFORNIA - APRILE 2014**
**DJI PHANTOM 2 VISION**

Ripresa da un'area di parcheggio vuota lungo la superstrada. Panoramica Mosaic a due livelli. Post-produzione in Photoshop CC.

# PANORAMICHE

**UNA DELLE IMMAGINI PIÙ STRAORDINARIE** che potete creare con il vostro drone è una panoramica aerea. Una panoramica si realizza catturando diverse fotografie di una scena mentre si effettua il panning e poi unendole grazie a un software.

Ho ricevuto più riscontri positivi con questo tipo di immagini che con tutte le altre. Anche se possono sembrare difficili da realizzare, seguendo con attenzione i prossimi passaggi riuscirete a creare una panoramica aerea abbastanza facilmente. Se le prime panoramiche non avranno un aspetto eccezionale, non scoraggiatevi. Con la pratica imparerete che cosa funziona e cosa no.

Vi mostrerò come creare una panoramica sia in Lightroom che in Photoshop, anche se preferisco il metodo Lightroom, che è più rapido. Il metodo Photoshop funziona bene con le immagini con una forte distorsione. Il massimo è combinare Lightroom e Photoshop nel flusso di lavoro.

## Panoramiche con Lightroom

Adobe Lightroom 6/CC è una buona soluzione per creare panoramiche. Recentemente sono state implementate in Lightroom nuove funzionalità specifiche per le panoramiche, e prevedo che in futuro sarà ancora tutto più facile. Ecco il flusso di lavoro per le panoramiche in Lightroom.

7.1

Abbiamo visto come realizzare panoramiche nel Capitolo 4 e non ripeteremo qui le stesse informazioni. Partiamo dalle cinque immagini che abbiamo scattato per la panoramica: selezionatele tutte facendo Ctrl-/Command-clic sulle miniature (**Figura 7.1**).

Dobbiamo preparare le immagini per la fusione. Possiamo effettuare alcune correzioni preliminari applicando il profilo dell'obiettivo, aumentando così drasticamente il realismo delle fusioni.

Selezionate il modulo Develop (Sviluppo) e scorrete verso il basso fino al pannello Lens Corrections (Correzioni obiettivo, **Figura 7.2**). Applicate il profilo come descritto nel capitolo precedente.

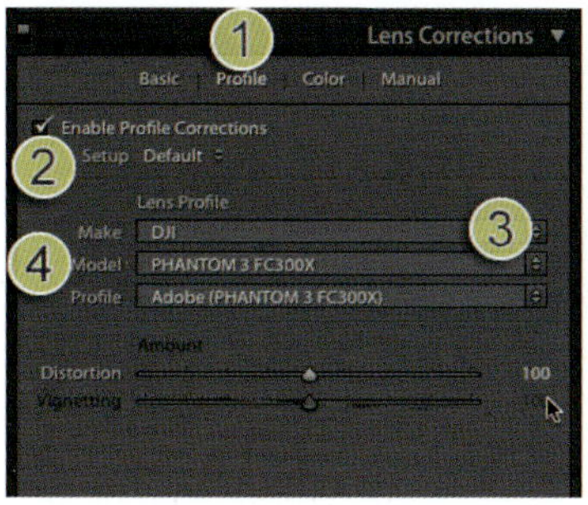


7.2

1. Fate clic su Profile (Profilo).
2. Selezionate Enable Profile Corrections (Attiva correzioni profilo).
3. Selezionate la marca (il produttore) della fotocamera.
4. Selezionate il modello della fotocamera.

Se non trovate la vostra fotocamera, scegliete un modello simile e fate delle prove con il cursore Distorsion (Distorsione) per eliminare la maggior parte dell'effetto barilotto dell'obiettivo.

Ora che la maggior parte della distorsione dell'obiettivo è stata rimossa dalla foto, è opportuno passare queste informazioni al resto delle immagini che comporranno la panoramica (**Figura 7.3**).

1. Assicuratevi che tutte le immagini nella barra delle miniature siano selezionate.
2. Fate clic sul pulsante Sync (Sincronizza) nel pannello in basso a destra del modulo Develop oppure selezionate Settings > Sync Settings (Impostazioni > Sincronizza impostazioni) dal menu in alto.

7.3

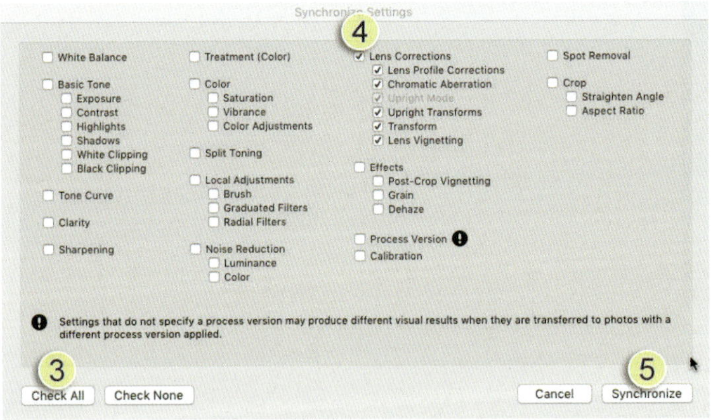


7.4

3. Si aprirà la finestra di dialogo Synchronize Settings (Sincronizza impostazioni, **Figura 7.4**). Fate clic su Check None (Deseleziona tutto) per deselezionare tutte le impostazioni.
4. Selezionate la casella di controllo Lens Corrections (Correzioni obiettivo) per sincronizzare solo il profilo obiettivo e nient'altro. Se in una singola immagine avete regolato qualche altro parametro, assicuratevi di selezionare anche quelle impostazioni, oppure se è il caso fate clic sul pulsante Check All (Seleziona tutto).
5. Fate clic su Synchronize (Sincronizza) e a tutte le immagini selezionate verranno applicate le stesse impostazioni di abbinamento al profilo.

Fate clic con il pulsante destro e selezionate Photo Merge > Panorama (Unione foto > Panorama). Vedrete tre opzioni di proiezione: Spherical (Sferica) è quella che funziona meglio per la maggior parte delle panoramiche (**Figura 7.5**).

7.5

Se scattate panoramiche verticali o fotografate in pianta volando su una griglia per creare una mappa panoramica, utilizzate la proiezione Perspective (Prospettiva): sono gli unici casi in cui questa proiezione risulti utile.

Una funzionalità fantastica è Boundary Warp (Deformazione bordi). Intorno alla panoramica vedrete molti margini bianchi. Ritagliandoli potreste perdere informazioni importanti. Trascinando verso destra il cursore Boundary Warp vedrete come Lightroom deforma l'immagine recuperando gli spazi bianchi espandendo le foto (**Figura 7.6**). Trascinandolo tutto a destra recupererete tutti i pixel, ma alla massima potenza potrebbe generare un'innaturale deformazione dell'immagine o un orizzonte ondulato. Cercate il punto di equilibrio tra orizzonte dritto e informazioni recuperate.

Se al momento dello scatto la fotocamera non era allineata, vedrete l'orizzonte ondulato o a gradini indipendentemente da ciò che farete. Rifotografate la panoramica oppure utilizzate il metodo Photoshop descritto nel prossimo paragrafo.

Se intorno all'immagine ci sono ancora spazi bianchi, potete scegliere di nasconderli ritagliando automaticamente la panoramica. Attivate l'opzione Auto Crop (Ritaglio automatico). Non è una

**7.6**

## ANTEPRIMA DELLA PANORAMICA

Una delle cose che apprezzo di Lightroom è la rapidità dell'anteprima della panoramica. Il programma non ha ancora unito le fotografie: ci mostra solo come appariranno. Risparmieremo così molto tempo, perché potremo capire se la panoramica avrà un buon aspetto prima di effettuare l'unione. Fotografando le panoramiche ripetete le sequenze più volte, perché può accadere che non funzionino ed è bene avere più opzioni disponibili. Con l'esperienza otterrete un tasso di successo molto maggiore.

scelta irreversibile, perché potrete annullarla dopo l'unione con lo strumento Crop (Ritaglia e raddrizza), disattivando la funzione. Per quanto riguarda Boundary Warp, invece, è l'unico caso in cui vedrete questa opzione.

Fate clic su Merge (Unisci) e Lightroom unirà le foto creando un'unica immagine panoramica. L'immagine risultante è un file DNG che conserva ancora l'intera gamma dinamica originale.

Notate che se avete scattato la panoramica a griglia includendo più di una riga, non dovrete fare nulla di diverso. Basta selezionare tutte le immagini che intendete usare nella panoramica e unirle come abbiamo appena fatto.

Ecco la stessa panoramica con applicate le correzioni viste nel capitolo precedente (**Figura 7.7**).

7.7

7.8

7.9

Se volete saperlo, ecco le impostazioni che ho usato per le **Figure 7.8** e **7.9**. Ho applicato al cielo il filtro graduato e ho diminuito lievemente l'esposizione e la temperatura colore (**Figura 7.10**).

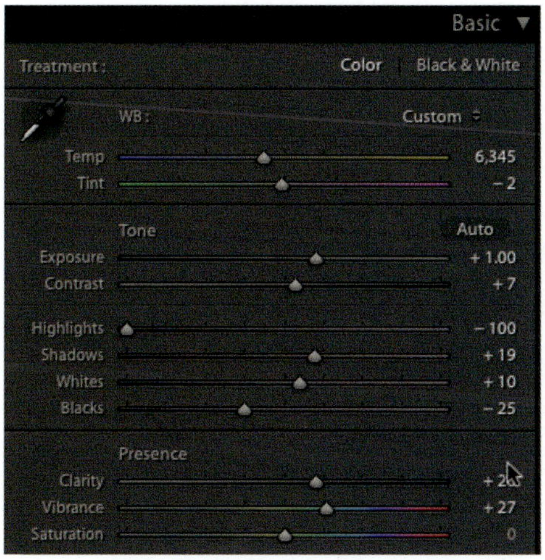


7.10

## Panoramiche con Photoshop

Esistono altre applicazioni per unire le panoramiche, tra cui PT GUI. Non dispongo dello spazio per analizzarle tutte, quindi mi limiterò a Lightroom e Photoshop, i programmi che uso sempre. Photoshop è perfetto se l'immagine è troppo distorta per Lightroom, se non avete Lightroom o se preferite lavorare con Photoshop. Ecco le indicazioni per realizzare panoramiche con Photoshop.

Aprite le immagini in Lightroom o in Adobe Bridge (è incluso in Photoshop). Se usate Bridge, ci sono un paio di passi da compiere (**Figura 7. 11**). Selezionate tutte le immagini che volete includere nella panoramica. Fate clic con il pulsante destro su una miniatura e selezionate Open in Camera Raw (Apri in Camera Raw).

7.11

7.12

In Camera Raw applicheremo il profilo dell'obiettivo per ridurre la distorsione (**Figura 7.12**).

1. Nella barra delle miniature, selezionate tutte le immagini premendo Ctrl/Command+A, o facendo clic con il pulsante destro su una miniatura e scegliendo Select All (Seleziona tutto). Qualsiasi correzione effettuerete a una singola immagine verrà applicata a tutte le altre.
2. Fate clic sulla scheda Lens Corrections (Correzioni obiettivo).

3. Applicate il profilo dell'obiettivo.
4. Fate clic con il pulsante destro su una miniatura e selezionate Sync Settings (Sincronizza impostazioni).
5. Fate clic su Done (Fatto) per applicare le impostazioni e ritornare a Bridge.

È il momento di passare le immagini a Photoshop. In Bridge, selezionate Tools > Photoshop > Photomerge (Strumenti > Photoshop > Photomerge, **Figura 7.13**).

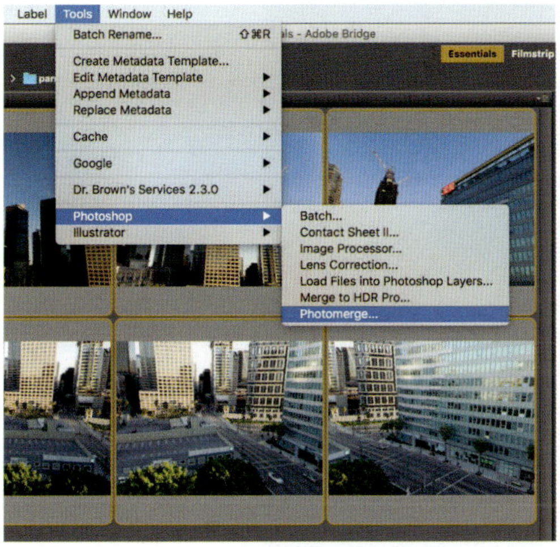


7.13

Un ottimo metodo di lavoro è iniziare in Lightroom e passare poi le immagini in Photoshop per unirle. Per prima cosa applicate la correzione obiettivo in Lightroom, come abbiamo visto nel precedente tutorial. Poi fate clic con il pulsante destro e selezionate Edit In > Merge to Panorama in Photoshop (Modifica in > Unisci come panorama in Photoshop, **Figura 7.14**).

7.14

Non importa se iniziate da Lightroom o da Bridge, il risultato è uguale ed entrambi aprono lo stesso strumento in Photoshop.

Ora in Photoshop vedrete la finestra di dialogo di Photomerge (**Figura 7.15**).

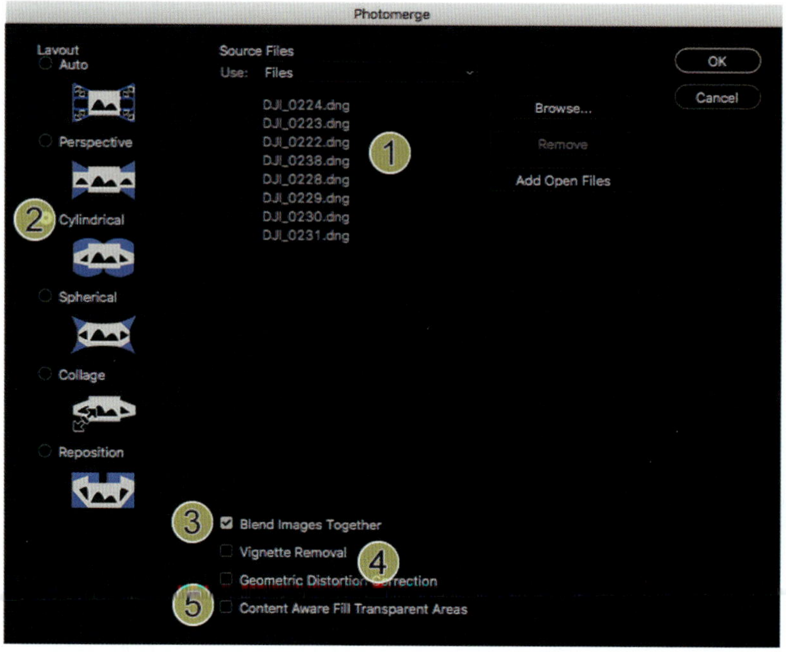


7.15

1. Source Files (File di origine) mostra le immagini che saranno incluse. Notate il supporto per i file RAW.
2. Scegliete un metodo di proiezione (layout). Cylindrical (Cilindrico) funziona nella grande maggioranza delle unioni, oppure provate Auto (Automatico).
3. Vedrete alcune opzioni. Blend Images Together (Fondi le immagini) è attivata; diversamente, le immagini verranno solo allineate e non sovrapposte.
4. Per risparmiare tempo, Vignette Removal (Rimozione vignettatura) e Geometric Distortion Correction (Correzione distorsione geometrica) sono disattivate, perché sono già state effettuate quando abbiamo applicato il profilo obiettivo. Attivare queste opzioni non danneggerà l'immagine: ci vorrà solo più tempo per completare l'unione.
5. Content Aware Fill Transparent Areas (Riempimento in base a contenuto per aree trasparenti) è una buona opzione per risparmiare tempo. Lo faremo. Effettueremo però correzioni manuali, quindi lasceremo l'opzione disattivata perché applicarla in questa fase del flusso di lavoro è inutile. Fate clic su OK per terminare.

Dopo un po' di tempo Photoshop completerà l'unione di tutte le immagini e vedrete qualcosa che assomiglia a un rozzo tappetino su cui è posata la vostra panoramica (**Figura 7.16**).

7.16

## CORREGGERE LA DISTORSIONE IN PHOTOSHOP

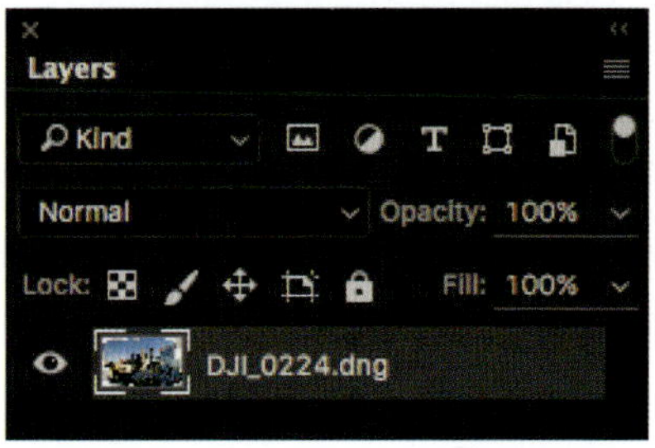


7.17

Ora stireremo un po' la nostra immagine e ne ripuliremo i bordi. Con tutti i livelli selezionati, premete Ctrl/Command+E per comprimerli in un livello unico (**Figura 7.17**).

Selezionate Filter > Adaptive Wide Angle (Filtro > Grandangolo adattato) per aprire uno strumento che possiamo utilizzare per correggere la distorsione e le pieghe e che attiverà automaticamente l'opzione Panorama in alto a destra. Se state lavorando su una panoramica importata da Lightroom, provate a cambiare scegliendo l'opzione Fisheye (Sferica completa).

Per usare questo strumento, trascinate lo strumento Constraint (Vincolo) sulle aree piegate per raddrizzarle. Si tratta di trovare un punto di compromesso: a volte una correzione funziona bene, mentre altre rovinerà il resto dell'immagine. Preparatevi a premere spesso Ctrl/Command+Z per annullare. Questo è il mio metodo di approccio per raddrizzare le immagini con lo strumento Adaptive Wide Angle (Grandangolo adattato).

Creiamo subito l'orizzonte (**Figura 7.18**); spesso è l'unica correzione che faccio in una panoramica. Dal lato sinistro, trascinate lo strumento Constraint su quella che dovrebbe essere la linea di orizzonte. Premendo il tasto Maiusc la linea diverrà gialla: significa che forzerà i pixel sottostanti su una perfetta linea orizzontale ruotando e deformando il resto dell'immagine per adattarla.

Ripetete l'operazione sul lato destro per livellare l'intera immagine. Non potete fare tutto con un'unica linea: dovrete agire separatamente partendo da sinistra e poi da destra.

7.18

Ora possiamo raddrizzare gli elementi chiave della fotografia. Non esagerate, ma fate con calma e divertitevi. Notate che l'edificio in basso è piegato. Trascinate la linea, e lo vedrete curvarsi con la distorsione (**Figura 7.19**). In questo caso ho deciso di non tenere premuto Maiusc perché non volevo correggere la pendenza della salita ma solo raddrizzarla. Osservate il risultato nella **Figura 7.20**.

1. Notate che le linee orizzontali vengono mostrate in giallo mentre quelle angolate sono blu.
2. Le linee verticali possono essere impostate perfettamente a 90 gradi tenendo premuto Maiusc. Notate che in questo modo ho raddrizzato alcuni edifici.
3. Con un'altra correzione ho anche raddrizzato la parte superiore dell'edificio a destra.

7.19

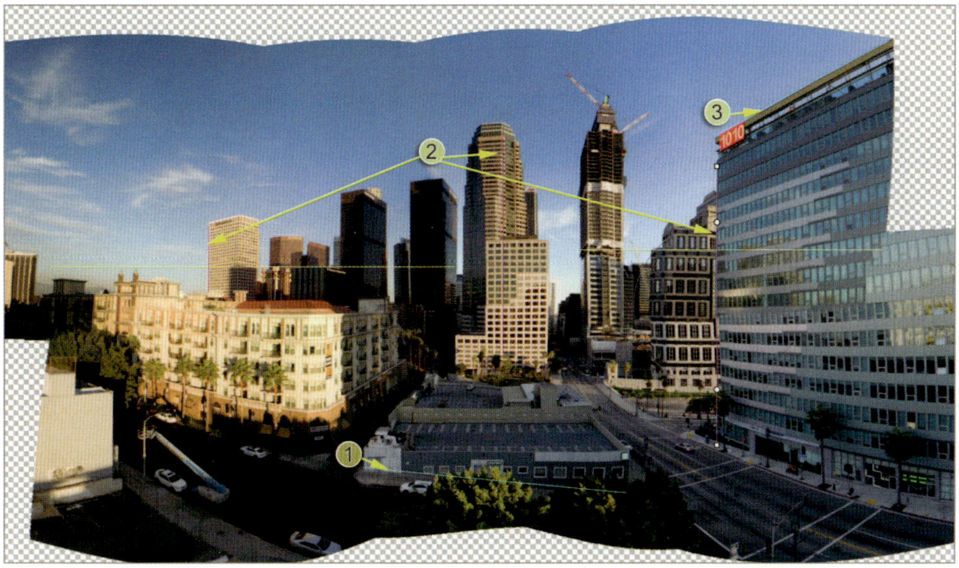


7.20

Quando siete soddisfatti del risultato, fate clic su OK per confermare. Cercate di fare tutte le correzioni in una volta sola; utilizzare Adaptive Wide Angle più di una volta non dà dei buoni risultati.

Per finalizzare la panoramica dobbiamo ritagliare l'immagine finale (**Figura 7.21**). Selezionate lo strumento Crop (Taglierina) e definite il formato dell'immagine finale. Va bene lasciare qualche spazio ai lati o negli angoli: li riempiremo in seguito. Quando siete soddisfatti del ritaglio, premete Invio.

7.21

Ora dobbiamo riempire gli spazi vuoti. Fate Ctrl-/Command-clic sulla miniatura nel pannello Layers (Livelli) per selezionare tutte le parti trasparenti dell'immagine (**Figura 7.22**).

7.22

Premete Ctrl+Alt+I (Command+Option+I su Mac) per invertire la selezione.

Abbiamo anche bisogno di espandere la selezione in modo che si crei un po' di sovrapposizione. Selezionate Select > Modify > Expand (Seleziona > Modifica > Espandi). Scegliete circa 10 pixel (**Figura 7.23**).

7.23

Ora riempite con Content-Aware Fill (Riempimento in base al contenuto). Selezionate Edit > Fill (Modifica > Riempi) e tra le opzioni scegliete Content-Aware (In base al contenuto, **Figura 7.24**).

Ora tutti i bordi dovrebbero essere stati riempiti con un pattern o una texture omogenei. Se non è così, selezionate quelle aree e applicate nuovamente Content-Aware Fill (**Figura 7.25**).

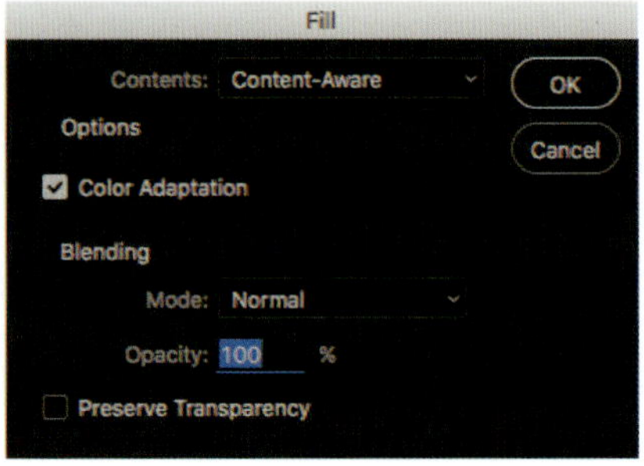


7.24

7.25

Ho finalizzato l'immagine con alcune correzioni in Camera Raw: qui vedete le regolazioni che ho applicato (**Figura 7.26**).

7.26

# IMMAGINI HDR

**IN FOTOGRAFIA C'È UN LIMITE:** la gamma dinamica del sensore. La *gamma dinamica* indica l'ampiezza dello spettro visibile che può essere catturato dal sensore in una sola immagine. Il più delle volte non è un grande problema. Tuttavia, quando scattate una scena con contrasti elevati, per esempio un tramonto, il problema si pone. Pensate solo alle immagini che avete visto, che hanno un bell'aspetto ma al posto del sole nel cielo mostrano una macchia bianca. La **Figura 7.27** è una delle mie prime immagini e potete vedere che il sensore non è stato in grado di registrare sufficienti informazioni nel cielo perché ci siano dettagli visibili nei riflessi a sinistra. Anche se qualche anno fa questo poteva essere accettabile, quando la fotografia aerea era più rara, oggi non lo è più.

La **Figura 7.28** è meglio, ma si corre ancora ii rischio della perdita di dettaglio nel cielo, e si vede anche una perdita di dettaglio nelle ombre.

7.27

7.28

Ecco la soluzione: scattare più di una foto, ognuna con esposizione diversa per catturare separatamente le alte luci e le ombre. Poi, fonderle in un'unica immagine, chiamata HDR (*high dynamic range*), contenente una gamma dinamica più ampia di quella che può essere catturata con una singola foto. Ho approfondito questo argomento e vi ho fornito indicazioni per catturare immagini HDR nel Capitolo 4. Di solito, per queste immagini dovremmo scegliere un'esposizione corretta o per il cielo o per il terreno e scendere a compromessi per il resto dell'immagine (in questi casi anche un filtro ND graduato può essere d'aiuto).

La **Figura 7.29** mostra un'esposizione corretta per il cielo. Le nuvole sono ricche di dettagli e c'è abbastanza sole per catturare il ricco colore del tramonto. Ma se osservate le rocce che si protendono nell'oceano, quasi tutto il dettaglio si perde nel buio. Realizziamo un'altra esposizione per catturare chiaramente tutti i dettagli delle rocce (**Figura 7.30**), ma ora il cielo è completamente bruciato perché il sensore non riesce a registrare nella stessa immagine una quantità sufficiente di alte luci.

7.29

7.30

La soluzione è usare l'AEB (*auto exposure bracketing*, bracketing automatico dell'esposizione) e catturare una serie di immagini con esposizioni differenti. Prima che DJI disponesse di un'impostazione AEB, per catturare l'intera gamma dinamica della scena cambiavo manualmente le impostazioni della fotocamera tra gli scatti. Dovrete ancora farlo con le GoPro e con le altre fotocamere che non dispongono di questo automatismo. Con la mia fotocamera DSLR di solito realizzo tre esposizioni per un'immagine HDR: normale, sovraesposizione di due stop e sottoesposizione di due stop. L'app DJI Go attualmente non permette di farlo, quindi scelgo la massima estensione, che l'AEB realizza in cinque immagini.

In Lightroom ho selezionato i cinque scatti nel modulo Library; è il primo passo per creare un'immagine HDR (**Figura 7.31**). Possiamo fare lo stesso in ACR dopo aver aperto i cinque scatti da Bridge.

Fate clic con il pulsante destro e selezionate Photo Merge > HDR (Unione foto > HDR, **Figura 7.32**).

Vedrete un'anteprima e alcune opzioni. Se non ottenete il risultato atteso, attivate l'opzione Auto Tone (Tono automatico, **Figura 7.33**).

7.31

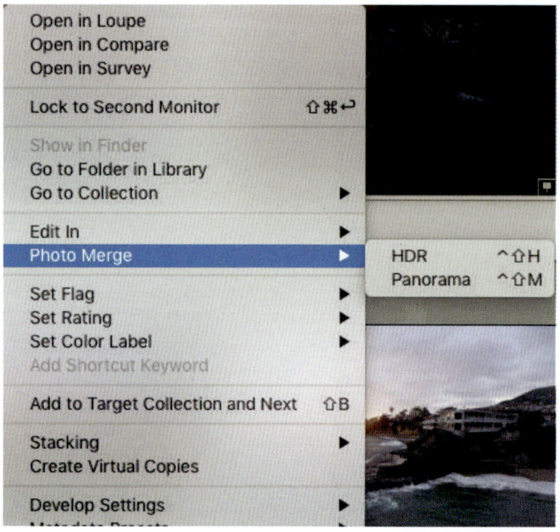


7.32

7.33

Parliamo della riduzione degli effetti fantasma. Quando unite diverse foto, ciascun oggetto in movimento all'interno di uno scatto apparirà differente in ogni inquadratura: per esempio, una persona che cammina nell'inquadratura, un'auto di passaggio eccetera. La persona o l'auto potrebbero non apparire in tutti gli scatti, e se ci sono saranno ogni volta in posizione differente. Quando gli scatti vengono uniti, questi oggetti "più o meno presenti" appaiono come fantasmi. Se qualcosa è presente in uno scatto e non in un altro, apparirà come una sovrapposizione semitrasparente e sembrerà un po' misterioso. Ecco perché si parla di *effetti fantasma*.

Anche altri movimenti, per esempio le foglie che cadono o l'acqua che scorre, possono causare effetti fantasma. Dovete decidere voi se gli effetti fantasma sono un problema o meno.

Se sapete che in una foto c'è qualcosa in movimento e volete vedere se il risultato sarà migliore riducendo gli effetti fantasma, nella sezione Deghost Amount (Livello di rimozione effetti fantasma) selezionate Low (Basso), Medium (Medio) o High (Alto) per controllarlo (**Figura 7.34**).

7.34

Se spuntate la casella di controllo Show Deghost Overlay (Mostra sovrapposizione effetti fantasma), vedrete una mascheratura rossa sulle aree problematiche. Non è sorprendente che la **Figura 7.35** mostri le aree d'acqua in movimento. In questo caso non penso che il movimento danneggi l'immagine, anzi le aggiunge qualcosa, quindi ho deciso di non applicare alcuna riduzione degli effetti fantasma. Nella **Figura 7.36** potete vedere un effetto fantasma più complicato da risolvere. Invece che da uno, sembra che io venga attaccato da due gabbiani.

7.35

7.36

Attiviamo la rimozione degli effetti fantasma e il gabbiano fantasma sparisce (**Figura 7.37**).

*Una breve nota sugli attacchi dei gabbiani.* Possono essere molto aggressivi e territoriali, specialmente nel periodo della nidificazione. Li sentirete strillare e piombare vicino al vostro drone. Di solito non entrano davvero in collisione con il velivolo, ma è sempre una buona idea fare in modo che vi lascino stare. Ho scoperto che volando via orizzontalmente vi inseguono per un bel pezzo, mentre il modo migliore per scrollarseli di dosso è salire di quota. Sembrano preferire le quote più basse vicino ai nidi e alle fonti di cibo, e salendo a una quota maggiore vi lasceranno rapidamente in pace.

7.37

Quest'ultimo passaggio è del tutto opzionale: prima dell'unione potete disattivare l'opzione Auto Tone. Anche se non fa nulla di irreversibile (sposta i cursori nei punti considerati migliori da Lightroom per la correzione dell'immagine), se preferite apportare le modifiche da soli disattivatela (**Figura 7.38**).

7.38

Fate clic su Unione e Lightroom unirà le fotografie in un unico file DNG accorpando tutte le informazioni dei singoli scatti. In alto a sinistra vedrete una barra di avanzamento (**Figura 7.39**). Potrete anche unire fino a cinque diversi HDR nello stesso tempo, ma ne parleremo tra breve.

7.39

Il passaggio successivo è effettuare ulteriori correzioni. Per evitare di dover cercare le immagini appena unite, modificate l'ordinamento di Lightroom in Added Order (Ordine di aggiunta, **Figura 7.40**). Scorrete fino in fondo e lì troverete le ultime immagini.

7.40

Ecco l'immagine unita non modificata (**Figura 7.41**).

7.41

Ora modificherete questa immagine come fareste con qualsiasi altra foto. La differenza è che avrete molti più dettagli con cui giocare con l'esposizione, le alte luci e le ombre. Trascinate il cursore Highlights (Luci) tutto a sinistra per visualizzare l'impressionante quantità di dettaglio delle alte luci nell'immagine (**Figura 7.42**).

7.42

Ecco alcune correzioni di base effettuate sull'immagine in Lightroom. Come di consueto, potete vedere le impostazioni nel pannello Adjustments (Regolazioni, **Figura 7.43**).

7.43

Aggiungendo un filtro graduato si possono ulteriormente valorizzare i dettagli del cielo. La funzione per la rimozione della foschia funziona molto bene per sottolineare i dettagli delle nuvole. Noterete che anche la cima delle colline si è scurita, perché è influenzata dalla sfumatura (**Figura 7.44**).

7.44

**SUGGERIMENTO** *Google NIK Viveza e Macphun Intensify Pro sono due plugin di Photoshop e Lightroom ottimi per dare risalto ai dettagli nelle nuvole.*

Nella parte superiore delle regolazioni del filtro graduato vedrete sulla destra l'opzione Brush (Pennello, **Figura 7.45**), che permette di aggiungere zone all'area interessata dalla sfumatura o di sottrarne da essa.

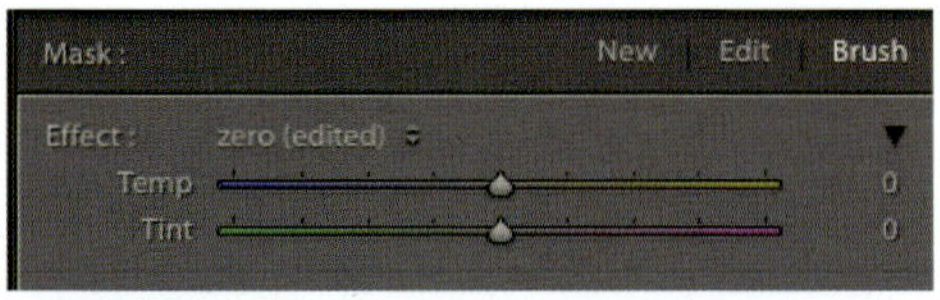


7.45

Per rimuovere zone dalla sfumatura fate clic su Erase (Cancella) o tenete premuto il tasto Alt/Option. Auto MAsk (Maschera automatica) leggerà i contorni e vi aiuterà a dipingere "nei margini" (**Figura 7.46**).

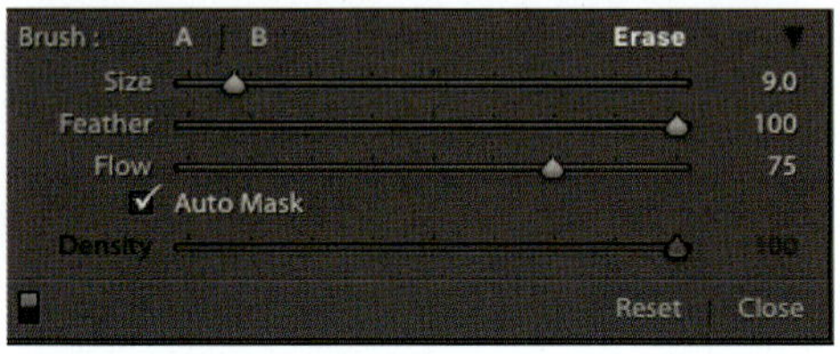


7.46

La **Figura 7.47** mostra la sovrapposizione della sfumatura, in modo da poter vedere la sua posizione.

Usando il pennello potete rimuovere la correzione dalle alture e da altre zone che non volete vengano modificate (**Figura 7.48**).

7.47

7.48

Ora potete vedere l'immagine finale con i toni delle alture ripristinati (**Figura 7.49**). Questo pennello funziona con tutte le correzioni dei filtri graduati e radiali, non solo in HDR.

7.49

# MASCHERE DI PHOTOSHOP

**UN ALTRO MODO PER FAR RISALTARE MAGGIORMENTE I DETTAGLI** delle vostre immagini è usare le maschere di livello di Photoshop. Questo metodo consente di effettuare modifiche con grande flessibilità.

Scattate due foto. La prima sarà luminosa per mostrare i dettagli nelle ombre, in questo caso il terreno. Scattate una seconda foto per mostrare tutti i dettagli nelle alte luci, per esempio nel cielo. Di solito per prima cosa applico qualche regolazione in Lightroom o in ACR. In questo caso iniziamo con due immagini non corrette per poter vedere più chiaramente ciò che accade (**Figura 7.50**).

In Lightroom, selezionate le due foto, fate clic con il pulsante destro e selezionate Edit in > Open as Layers in Photoshop (Modifica in > Apri come livelli in Photoshop). In Bridge, selezionate Tools > Photoshop > Load Files into Photoshop (Strumenti > Photoshop > Carica file in livelli Photoshop, **Figura 7.51**).

7.50

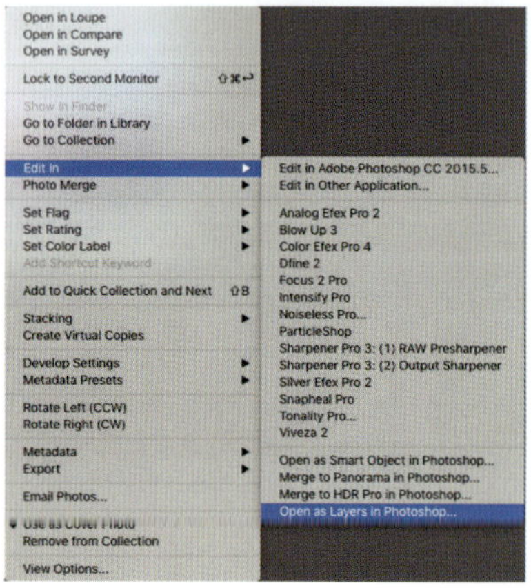


7.51

Vedrete un nuovo documento di Photoshop con due livelli. Assicuratevi che il livello più luminoso sia in alto (**Figura 7.52**).

Selezionate il livello superiore. Tenendo premuto il tasto Alt/Option fate clic nel pannello Layers (Livelli) sull'icona New Layer Mask (Aggiunge una maschera di livello) per creare una maschera di livello invertita che nasconda tutti i contenuti del livello superiore (Figura 7.52). L'obiettivo è dipingere con il bianco nella maschera di livello. In questo modo faremo apparire le aree del livello superiore che attualmente sono nascoste.

7.52

Questo ci permette di ridipingere le aree più luminose della seconda fotografia, unendo così le due immagini (**Figura 7.53**).

Potete usare un pennello e dipingere manualmente sulle zone o prendere una scorciatoia. In questo caso ho usato lo strumento Selezione rapida per selezionare il terreno (**Figura 7.54**).

**NOTA** *Quando effettuate la selezione assicuratevi di selezionare nel pannello Layers l'icona del livello e non la maschera.*

7.53

7.54

Effettuate la selezione trascinando con lo strumento Quick Selection (Selezione rapida); usate il tasto Alt/Option per rimuovere delle zone dalla selezione. Scegliete Refine Edge (Migliora bordo) sulla barra degli strumenti in alto per ripulire la selezione (**Figura 7.54**).

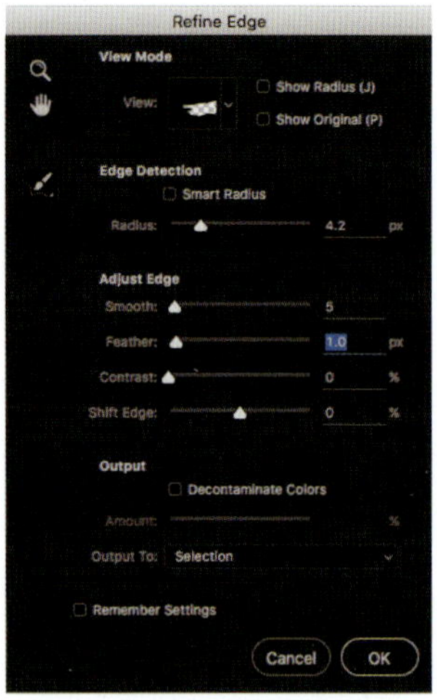


7.55

Qui ho impostato il raggio (Radius) a 4.2, Smooth (Arrotonda) a 5 e Feather (Sfuma) a 1 per creare una selezione più morbida.

Scegliete Selection (Selezione) dal menu Output To (Output in).

Riempite la maschera di livello con il bianco e vedrete i due livelli uniti (**Figura 7.55**). In questa fase apparirà un po' innaturale, ma va bene così.

Deselezionate premendo Ctrl/Command+D. Scegliete un pennello morbido. Selezionate il bianco come colore di primo piano. Usando uno stilo sensibile alla pressione come Wacom o Surface Pro impostate l'opacità intorno a 50 e la pressione in base all'opacità. Usando il mouse, impostatela a 20. Dipingete i bordi per iniziare a unire gli oggetti.

7.56

Nella **Figura 7.57** potete vedere che ho unito il terreno e l'acqua.

Importate il livello superiore in Camera Raw selezionando in Photoshop CC Filter > Camera Raw (Filtro > Filtro Camera Raw). Effettuate qualche correzione per aumentare il contrasto in modo che si adatti un po' meglio al livello sottostante (**Figura 7.58**).

Ripetete per il livello inferiore. Effettuate qualche regolazione in Camera Raw in modo che corrisponda meglio al livello superiore (**Figura 7.59**).

Potete vedere che ora i livelli si fondono molto meglio. Osservate le zone che richiedono ulteriori interventi. Dove il cielo tocca la cima delle alture c'è ancora bisogno di un po' di lavoro (**Figura 7.60**).

Layers
Kind
Normal
Opacity: 100%
Lock:
Fill: 100%
DJI_0437-2.DNG
DJI_0436-2.DNG

7.57

7.58

7.59

7.60

Ora usate il pennello nero sulla maschera e dipingete una parte del livello superiore per permettere la fusione con il livello sottostante. Ingrandite e avvicinatevi, lavorate con calma, dipingete con un pennello morbido e fate in modo che le cose si fondano alla perfezione (**Figura 7.61**).

7.61

Qui potete vedere come appare la maschera che avete dipinto. Ricordate che dipingere con il bianco rivelerà il livello corrente mentre dipingere con il nero mostrerà il livello sottostante e nasconderà quello corrente (**Figure 7.62** e **7.63**).

Se siete soddisfatti del risultato ottenuto con le maschere, ecco come unificare ulteriormente i livelli.

7.62

7.63

Selezionate i due livelli nel pannello Layers e premete Ctrl+Alt+Maiusc+E (Command+Option+Maiusc+E su Mac). Creerete un livello superiore, detto livello composito, mantenendo i livelli sottostanti (**Figura 7.64**). Apritelo in Camera Raw per effettuare le correzioni. Dato che ora entrambi i livelli vengono corretti come livello unico, le differenze tra loro tendono ad affievolirsi creando un risultato più equilibrato e dall'aspetto naturale.

Applicate ora anche la riduzione del disturbo e la nitidezza. Se volete un altro metodo per la nitidezza, non fate altro in Camera Raw. Continuate a leggere per scoprire come applicarla con Photoshop (**Figura 7.65**).

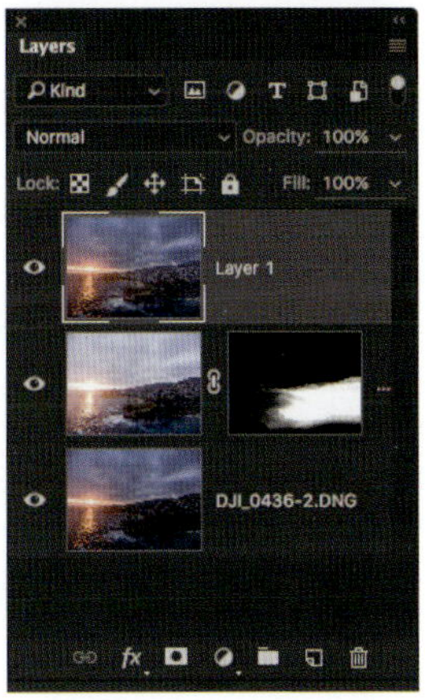


7.64

7.65

# Nitidezza: Accentua passaggio

Uso l'opzione di nitidezza High Pass (Accentua passaggio) perché si trova su un livello separato, quindi può essere attivata o disattivata. È anche possibile regolare l'intensità dell'effetto tramite l'opacità del livello. Inoltre, trovo il risultato molto gradevole.

Se il livello superiore è un livello di destinazione (vedi Figura 7.64), duplicatelo. Altrimenti create un livello di destinazione superiore. Cambiate il metodo di fusione in Overlay (Sovrapponi, **Figura 7.66**).

7.66

Selezionate Filter > Other > High Pass (Filtro > Altro > Accentua passaggio, **Figura 7.67**).

Regolate il raggio per creare l'effetto di nitidezza: di solito funziona bene un valore tra 1 e 4 (**Figura 7.68**). Osservate l'immagine per verificare la giusta quantità di nitidezza: desiderate il massimo risalto dei dettagli, ma non gli aloni o che la foto appaia innaturale. La quantità di nitidezza dipenderà dalla risoluzione dell'immagine e dal supporto che verrà utilizzato. Per la pubblicazione online sceglierete una nitidezza leggermente inferiore rispetto a quella per la stampa.

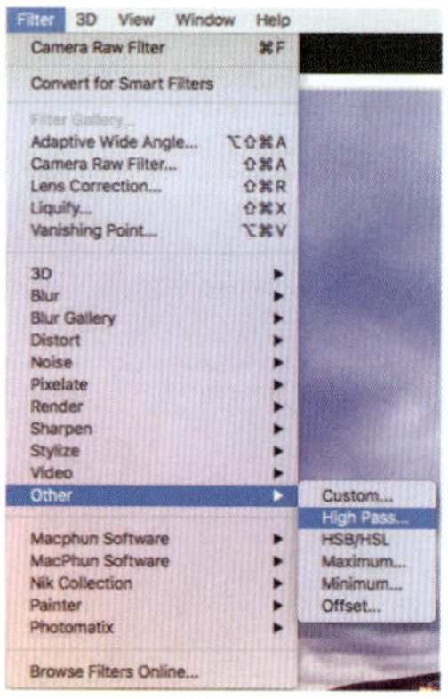


7.67

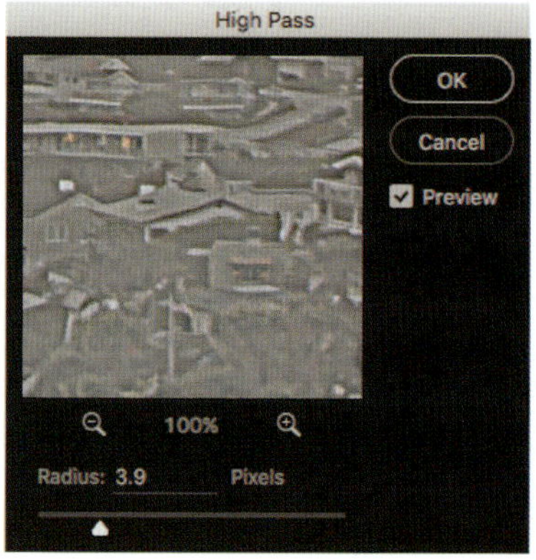


7.68

7.69

Ecco l'immagine finale con la nitidezza applicata sul livello superiore (**Figura 7.69**). Ricordate che potrete regolarla in un momento successivo, diminuendola con il cursore Opacity (Opacità) o, se lo desiderate, nascondendola completamente.

# PANORAMICA HDR

**RICEVO UN SACCO DI DOMANDE SU COME** realizzo le mie panoramiche HDR, che sono una combinazione di HDR e panoramica nella stessa immagine. Vi condurrò attraverso l'intero processo di produzione di queste immagini. Nel Capitolo 4 ho parlato di come realizzare queste tipologie di immagini e ora vi mostrerò come unirle.

In realtà il processo è abbastanza semplice. La prima cosa che dovete fare è unire tutte le immagini HDR in Lightroom/ACR. Poi, quando avrete le nuove immagini HDR, le tratterete come normali fotografie unendole in una panoramica. Il trucco è creare prima l'HDR e poi la panoramica. Lightroom/ACR vi metteranno in grado di unire le immagini. Al contrario non funzionerà. È una combinazione dei processi che abbiamo già appreso.

Osserviamo un esempio. Questa è una panoramica a 10 immagini con una singola giuntura. Sono due pannelli di cinque immagini HDR. Il processo è esattamente lo stesso, anche per questa immagine più complessa. Il primo passaggio è unire ogni gruppo di scatti in un'unica immagine HDR. Ecco un suggerimento per accelerare le cose quando si lavora con più gruppi di scatti HDR: selezionate le cinque immagini da unire. Invece di seguire tutti i passaggi descritti nel tutorial precedente, usate la scorciatoia da tastiera Ctrl+Maiusc+H (con Mac e Windows). Questo metterà Lightroom in modalità "spericolata" e gli farà unire gli scatti HDR saltando la finestra di dialogo, applicando le ultime impostazioni usate per l'unione HDR. Vi suggerisco di unire i primi cinque scatti con la normale procedura (definendo le impostazioni che volete). In questo caso abbiamo usato Auto Tone: per le panoramiche HDR sembra funzionare bene.

Selezionate i primi cinque scatti e premete Ctrl+Maiusc+H (**Figura 7.70**). Senza attendere che l'unione sia completata, selezionate subito i cinque scatti successivi e premete Ctrl+Maiusc+H (**Figura 7.71**); con immagini più grandi, ripetete per ogni gruppo di scatti. In Lightroom, in alto a sinistra, vedrete una barra di avanzamento che mostra i diversi processi in corso contemporaneamente (**Figura 7.72**).

7.70

7.71

7.72

Quando Lightroom ha terminato, le immagini HDR unite appaiono nella griglia. Non dimenticate che potete cambiare l'ordinamento in Added Order (Ordine di aggiunta) per ritrovare più facilmente le nuove immagini HDR.

Selezionate tutte le immagini HDR che intendete unire nella panoramica, esattamente come selezionereste normali immagini per una normale panoramica. Notate il simbolo nell'angolo inferiore destro, che identifica le immagini come elaborate: in questo modo saprete quali immagini selezionare. Vedrete anche che ai loro nomi di file è stato aggiunto HDR (**Figura 7.73**).

7.73

Notate che Lightroom/ACR unisce le foto HDR senza problemi. Per questa immagine abbiamo scelto il ritaglio automatico; è facoltativo e reversibile. Se effettuiamo tutte le correzioni in Lightroom, sceglieremo il ritaglio automatico. Se poi passiamo a Photoshop per sistemare l'orizzonte ondulato, avremo a disposizione il maggior numero possibile di pixel con cui giocare.

Se decidete di lavorare in Photoshop per raddrizzare la foto, non utilizzate l'opzione Boundary Warp (Deformazione bordi). In questo caso non è possibile ottenere un orizzonte dritto in Lightroom, quindi Photoshop è l'unica possibilità. Se riuscite a ottenere un orizzonte dritto, non avete bisogno di Photoshop. Non esistono regole certe, perché ogni immagine è unica e può essere ortogonale in Lightroom oppure no. Inoltre, ci sono casi in cui una leggera curvatura nell'immagine può essere gradevole, perché con il soggetto adeguato potrebbe aggiungere un effetto interessante (**Figura 7.74**).

7.74

Ecco la fotografia una volta unita (**Figura 7.75**). L'ho leggermente modificata con le regolazioni di base. Apportate adesso tutte le correzioni preliminari all'immagine.

Non applicate ancora alcuna nitidezza o riduzione del disturbo: passeremo a Photoshop per effettuare queste operazioni alla fine (**Figura 7.76**).

7.75

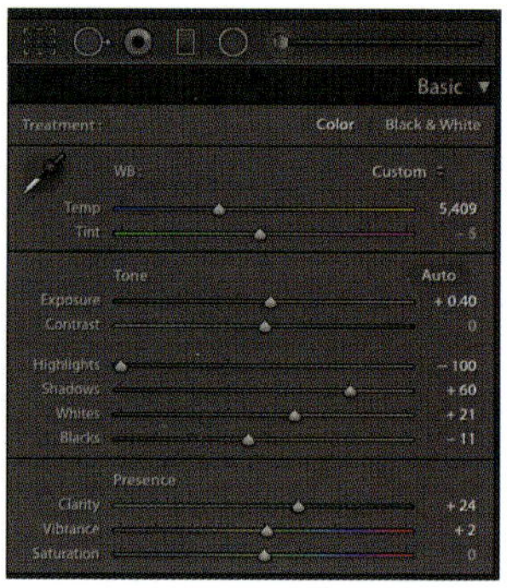


7.76

## Recuperare l'immagine completa

Dato che quando abbiamo unito la panoramica abbiamo applicato il ritaglio automatico, come possiamo recuperare il resto dei pixel? Basta selezionare il modulo Develop e fare clic sullo strumento Crop (Sovrapposizione ritaglio). Sullo schermo vedrete l'intera immagine, con la parte ritagliata visibile (**Figura 7.77**).

Trascinate l'area di ritaglio in modo che diventi visibile l'intera immagine e non venga effettuato alcun ritaglio (**Figura 7.78**).

Se l'immagine non ritagliata è troppo irregolare, dopo potrebbe essere difficile correggerla in Photoshop. In tal caso, tornate a questo punto, lasciate attivo il ritaglio automatico e provate di nuovo.

7.77

7.78

Apriamo ora l'immagine in Photoshop, con una modalità un po' diversa: vogliamo infatti mantenere questo file in formato RAW il più a lungo possibile. In questo modo l'intera gamma dinamica dell'HDR rimarrà intatta e le modifiche saranno non distruttive. Fate clic con il pulsante destro sull'immagine e selezionate Edit in> Open as Smart Object in Photoshop (Modifica in > Apri come oggetto avanzato in Photoshop, **Figura 7.79**).

Iniziamo a rimuovere la distorsione. Selezionate Filter > Adaptive Wide Angle (Filtro > Grandangolo adattato): l'immagine si aprirà nella relativa modalità. Lo applicheremo come filtro avanzato non distruttivo: ciò significa che successivamente potremo tornare indietro e modificare le impostazioni, purché si mantenga il livello di oggetto avanzato.

Nella modalità di grandangolo adattato dobbiamo modificare l'impostazione Correction (Correzione) da Panorama a Fisheye (Grandangolo). Non chiedetemi perché, ma ho trovato che, per questo flusso di lavoro, Panorama non funziona e Grandangolo sì.

7.79

Trascinate verso sinistra il cursore Scale (Scala) fino a visualizzare interamente la linea di orizzonte dell'immagine: per ottenere una correzione adeguata è importante, altrimenti ai margini si piegherà verso il basso (**Figura 7.80**). Raddrizzate l'orizzonte, esattamente come abbiamo fatto nel precedente tutorial (**Figura 7.81**).

1. Iniziate dal bordo trasparente a sinistra e trascinate la linea lungo l'orizzonte: vedrete lo strumento piegarsi con la curvatura dell'immagine. Trascinate fino a circa metà dell'immagine. Tenete premuto il tasto Maiusc mentre trascinate e la linea cambierà colore da azzurro a giallo. Significa che la linea diventerà perfettamente orizzontale, e per farlo piegherà l'immagine. Rilasciate, e la metà sinistra della panoramica sarà ben dritta.
2. Sul lato destro: è importante che l'orizzonte sia alla stessa altezza del lato sinistro. Iniziate dal punto più vicino alla regolazione fatta sul lato sinistro e allineato in orizzontale. Trascinate verso destra premendo il tasto Maiusc. Rilasciate il più vicino possibile al bordo sulla destra.

7.80

7.81

7.82

Ora tutto dovrebbe essere ben livellato. Se non è così, aggiungete qualche ulteriore correzione fino a ottenere l'immagine desiderata.

Ora dobbiamo ritagliare l'immagine. Scegliete lo strumento Crop (Taglierina) e decidete quanto volete ritagliare l'immagine. Se decidete di mantenere alcune aree trasparenti, assicuratevi che siano semplici e prive di troppo dettaglio: in seguito potremo riempirle più facilmente (**Figura 7.82**).

Se osservate il pannello dei livelli, noterete che l'immagine è un oggetto avanzato. Notate che il grandangolo adattato viene mostrato come filtro avanzato. Se volete apportare modifiche al grandangolo adattato, fate doppio clic sul suo nome e si aprirà il filtro: solo ora potrete effettuarle. Per nascondere le modifiche fate clic sull'icona a forma di occhio.

## Eliminare le distrazioni

Ora siamo pronti per la rimozione degli elementi distraenti. Ci sono diversi strumenti in grado di eseguire questo compito, per esempio lo strumento Clone Stamp (Timbro clone) o il riempimento in base al contenuto. In questo caso useremo lo strumento Patch (Toppa). Lo strumento Content Aware Patch (Toppa in base al contenuto) agisce in modo simile al riempimento in base al contenuto, ma funzionerà con un oggetto avanzato, quindi non dovrete rasterizzare il livello per poterci lavorare: in questo modo semplifichiamo le modifiche e preserviamo la qualità dell'immagine.

Tenete conto che l'immagine è un oggetto avanzato. Guardate nel pannello Livelli e vedrete un simbolo.

Ecco come applicare il riempimento in base al contenuto in modo non distruttivo a un oggetto avanzato (**Figura 7.83**).

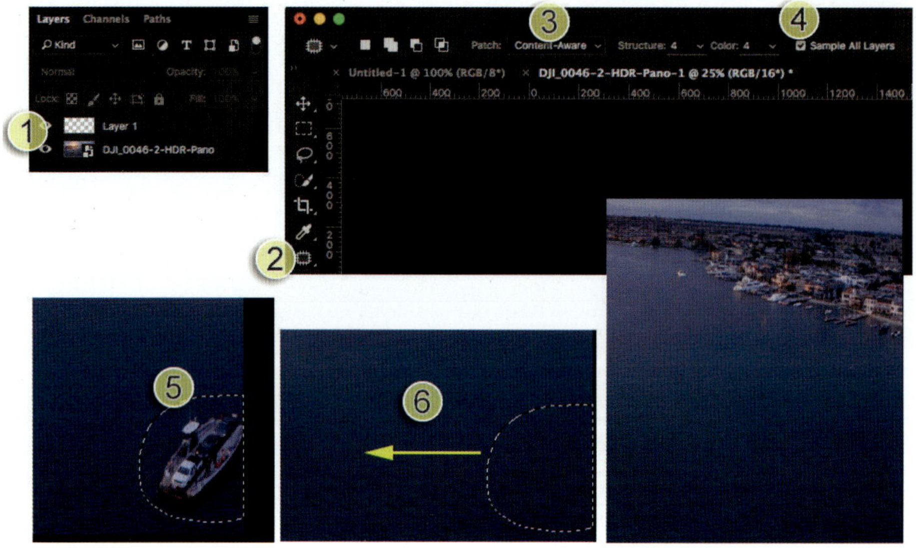


7.83

1. Create un nuovo livello vuoto sopra l'oggetto avanzato.
2. Selezionate lo strumento Patch.
3. Selezionate il metodo Content Aware (In base al contenuto).
4. Attivate l'opzione Sample All Layers (Campiona tutti i livelli).
5. Con lo strumento Patch effettuate la selezione intorno al difetto o all'area da rimuovere.
6. Trascinate la selezione su un'area simile che volete usare come riempimento.

Rilasciando il cursore, l'area verrà corretta. La toppa è su un livello separato, quindi non è necessario rasterizzare l'oggetto avanzato.

Usate lo strumento Patch per riempire le aree trasparenti rimaste dopo il ritaglio dell'immagine. Usatelo anche per rimuovere i bagliori nell'obiettivo nella parte inferiore sinistra dell'immagine. Continuate a usare lo stesso livello vuoto per correggere l'immagine. Se nascondete il livello inferiore e osservate il livello delle correzioni da solo, vedrete che tutte le correzioni si trovano su un livello separato (**Figura 7.84**).

Se guardate l'immagine con entrambi i livelli visibili, potrete vedere come lo strumento di correzione ha nascosto tutte le imperfezioni e le aree trasparenti (**Figura 7.85**).

Una cosa a cui fare attenzione è apportare le modifiche sul livello dell'oggetto avanzato. Se le apportate su questo livello e non su quello delle toppe, non corrisponderanno più. Ciò che dobbiamo fare è combinarli.

Selezionate entrambi i livelli e premete Ctrl+Alt+Maiusc+E (Command+Option+Maiusc+E con Mac). Creeremo così un nuovo livello di destinazione sopra agli altri mantenendo i livelli sottostanti, in caso ci si debba ritornare. Ora possiamo effettuare le modifiche finali sul livello composito (**Figura 7.86**).

7.84

7.85

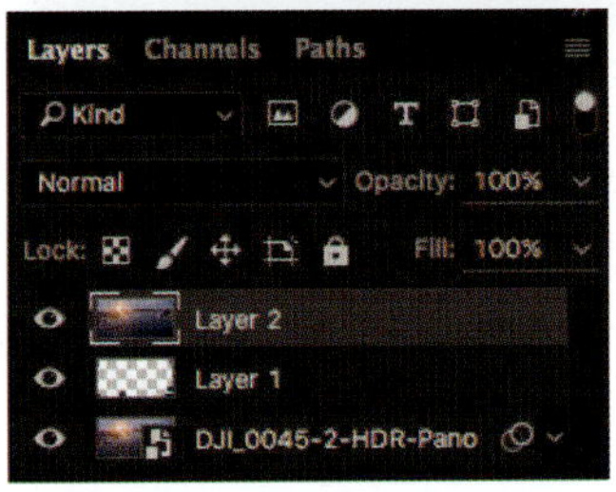


7.86

## Finalizzazione

Questo è il momento della rifinitura e la faremo in Camera Raw. Selezionate Filter > Camera Raw (Filtro > Filtro Camera Raw).

Se è necessario, questo è un ottimo momento per recuperare dettaglio aggiuntivo nelle alte luci. Poiché abbiamo creato un livello composito, i cursori in ACR sono azzerati: ciò significa che possiamo effettuare un nuovo passaggio in Camera Raw. In precedenza il cursore Highlights (Luci) era stato trascinato completamente a sinistra. Possiamo trascinarlo di nuovo ancora un po'; è una sorta di trucco di doppia elaborazione. In questo secondo passaggio dovremmo essere un po' più cauti che nel primo, e a volte non saranno necessarie ulteriori correzioni, in particolare se volete conferire all'immagine un aspetto naturale.

Ecco le correzioni che ho effettuato (**Figura 7.87**).

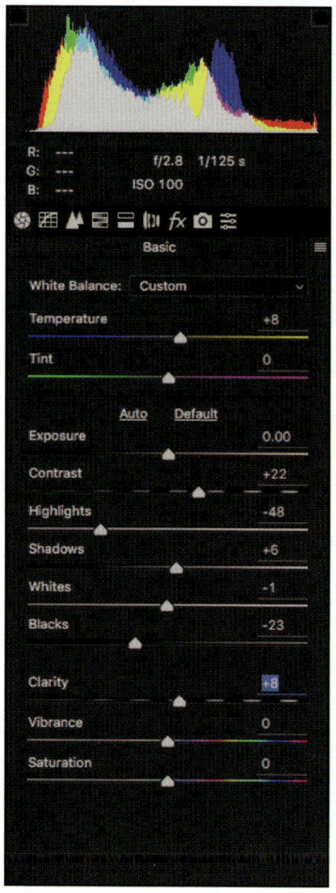


7.87

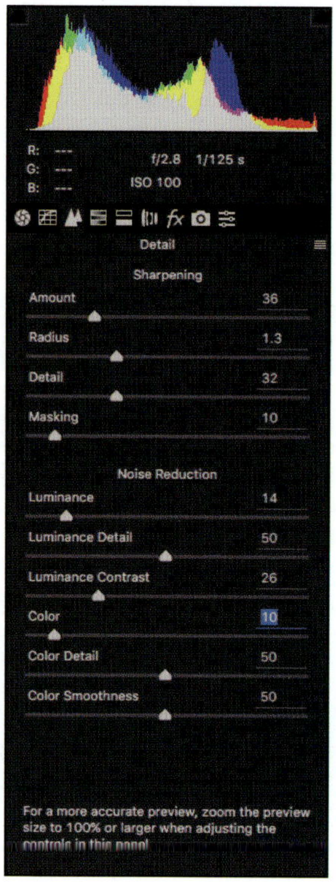


7.88

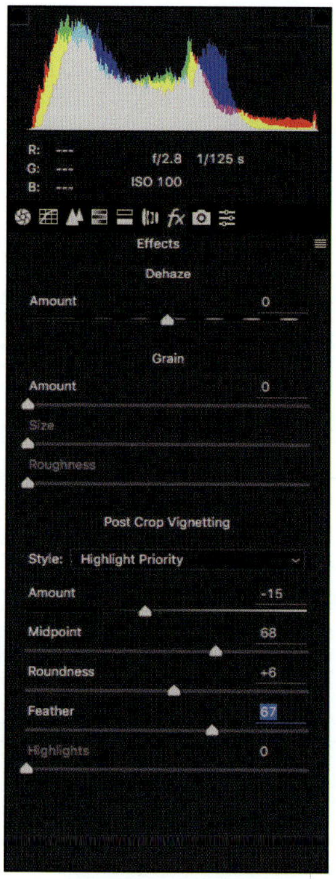


7.89

Spostatevi nella scheda Detail (Dettagli), nella quale effettueremo la riduzione del disturbo e applicheremo la nitidezza (**Figura 7.88**).

Solo come effetto, per completare aggiungeremo anche un po' di vignettatura (**Figura 7.89**).

Fate clic su OK per completare il flusso di lavoro di una panoramica HDR (**Figura 7.90**).

Anche se non realizzate una panoramica HDR, nei tutorial appena visti ci sono diverse tecniche che possono essere applicate a qualsiasi immagine, comprese le panoramiche classiche.

Questa è una panoramica HDR più complessa, una combinazione di 115 scatti, assemblata utilizzando esattamente gli stessi passaggi di questo tutorial. In ogni caso, non sono mancate le difficoltà per arrivare a tale risultato.

7.90

# EFFETTI SPECIALI

**A VOLTE AVRETE VOGLIA DI DIVERTIRVI** e creare qualcosa di un po' diverso. Sono gli effetti speciali. Diamo un'occhiata a due dei miei effetti preferiti.

## Scostamento inclinazione

L'effetto scostamento inclinazione è molto divertente. Può avere un'applicazione pratica per condurre lo sguardo dello spettatore in un'area dell'immagine e per creare un po' di profondità di campo. Di solito, con gli obiettivi grandangolari ci ritroviamo con una profondità di campo molto ampia e con ogni cosa a fuoco. Può essere utile ridurre la confusione simulando una sfocatura da profondità di campo. Applichiamo l'effetto a questa immagine, una panoramica verticale della penisola di Balboa a Newport Beach, California (**Figura 7.91**).

Fate clic con il pulsante destro sulla miniatura dell'immagine e selezionate Convert to Smart Object (Converti in oggetto avanzato). (Se preferite, il filtro può essere applicato direttamente a un livello; stiamo usando un oggetto avanzato perché in questo modo l'immagine potrà essere nuovamente modificata, **Figura 7.92**.)

7.91

7.92

Selezionate Filter > Blur Gallery > Tilt Shift (Filtro > Galleria sfocatura > Scostamento inclinazione) e vedrete l'impostazione predefinita della galleria sfocatura, come mostrato qui (**Figura 7.93**).

Trascinando le diverse linee, potete creare l'effetto di un obiettivo decentrabile. Potete creare una fascia a fuoco con i bordi sfocati; può essere utilizzato anche per far apparire una fotografia come un modello in miniatura.

1. Il cursore Blur (Sfoca) controlla la quantità di sfocatura all'esterno delle linee.
2. L'area a fuoco si trova tra le due linee, può essere trascinata in qualsiasi punto vogliate e può anche ruotare.
3. Sfumatura. La sfocatura verrà sfumata tra le linee tratteggiate e quelle continue. Tutto ciò che è esterno alle linee tratteggiate sarà sfocato in modo uniforme come impostato al punto 1.

Quando siete soddisfatti del risultato, applicate il filtro all'oggetto avanzato (**Figura 7.94**). Il risultato è mostrato nella **Figura 7.95**.

Dato che stiamo usando un oggetto avanzato, possiamo fare doppio clic sul nome del filtro nel pannello dei livelli per aprire le impostazioni. Ora modificheremo le impostazioni.

Adobe Photoshop CC 2015
Cancel
OK
Blur Gallery
Blur Tools
Field Blur
Iris Blur
Tilt-Shift
Symmetric Distortion
Path Blur
Spin Blur
Effects
Motion Effects
Noise
Bokeh

7.93

Adobe Photoshop CC 2015
Cancel
OK
Blur Gallery
Blur Tools
Field Blur
Iris Blur
Tilt-Shift
1
Symmetric Distortion
Path Blur
Spin Blur
3
2
1
2
3
Effects
Motion Effects
Noise
Bokeh

7.94

7.95

Nel prossimo esempio avvicineremo le linee per aumentare l'effetto miniaturizzazione (**Figura 7.96**).

7.96

Osservate il traghetto: ora sembra un giocattolo. La sfocatura lo fa apparire come se guardaste con un obiettivo macro. Salta all'occhio più in fretta di quanto accadrebbe con un'immagine a grandezza naturale, e inganna l'occhio apparendo come un modellino (**Figura 7.97**). La **Figura 7.98** è un esempio simile.

7.97

7.98

## Pianetino a 360 gradi

Un altro dei miei preferiti è il pianetino. Ricordo di aver realizzato questo effetto prima di usare i droni. Quando ho iniziato a pilotare un drone, sapevo già che avrebbe funzionato molto bene. Ora vedo che molte persone provano questo effetto. Ecco come realizzarlo.

Iniziate con un'ampia panoramica. Tecnicamente dovreste fotografare a 360 gradi, tutto intorno a voi. Tuttavia, se su un lato c'è l'oceano, potete saltare qualche scatto e nessuno se ne accorgerà; in realtà, il pianetino sarà ancora più interessante. Assicuratevi di volare bassi, in modo che qualcosa rimanga sopra la linea dell'orizzonte, altrimenti il pianetino apparirà piatto e noioso (**Figura 7.99**).

Se fossimo impazienti potremmo già realizzare il nostro pianetino, ma prima c'è qualcosa che dobbiamo fare per non creare una brutta linea nel pianeta che richiederebbe molto tempo per la correzione.

Create una selezione sul lato dell'orizzonte, usando lo strumento Rectangular Marquee (Selezione rettangolare, **Figura 7.100**).

Premete Ctrl/Command+J per copiare l'area selezionata in un nuovo livello. Per evitare malintesi, la chiameremo la "striscia".

Tenendo premuto Maiusc (per mantenere l'allineamento), trascinate la striscia copiata sul lato opposto dell'immagine. Ingrandite bene e avvicinatevi, per assicurarvi che sia perfettamente allineata al bordo (**Figura 7.101**).

Ora dobbiamo riflettere orizzontalmente questo livello, in modo che dopo i bordi corrispondano perfettamente. Premete Ctrl/Command+T per Free Transform (Trasformazione libera). Fate clic con il pulsante destro e selezionate Flip Horizontal (Rifletti orizzontale, **Figura 7.102**).

Create una maschera di livello sulla striscia facendo clic nel pannello dei livelli sull'icona Add a Layer Mask (Aggiungi maschera di livello, **Figura 7.103**).

7.99

7.100

7.101

7.102

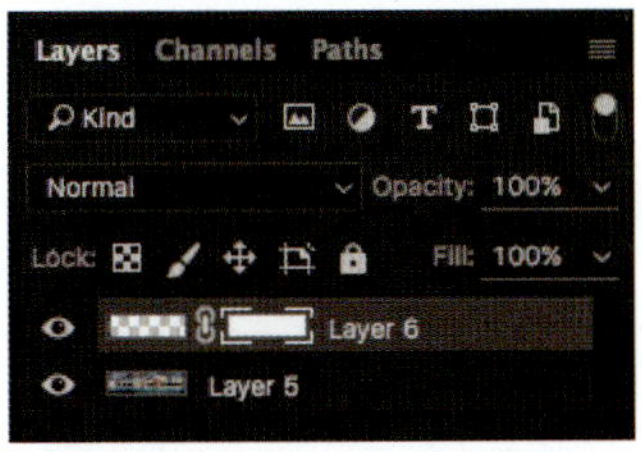


7.103

7.104

Selezionate lo strumento Gradient (Sfumatura) e una sfumatura lineare da nero a bianco. Assicuratevi che la modalità di fusione sia impostata su Normal (Normale) e Opacity (Opacità) a 100. Trascinate la sfumatura da sinistra a destra; la striscia copiata apparirà ora fusa nell'immagine, senza giunture (**Figura 7.104**). Ora appiattite i livelli. È il momento di realizzare il pianetino!

Selezionate Image > Image Size (Immagine > Dimensione immagine). L'obiettivo è trasformare l'immagine in un quadrato. Assicuratevi di ridurre la dimensione e non di aumentarla, altrimenti l'immagine sarà morbida e pixelata. Questa l'ho portata a 3000 x 3000 pixel (**Figura 7.105**). Ora avete un'immagine quadrata: a questo punto è un po' strana, ma va bene così. Ruotatela di 180 gradi, in modo che risulti capovolta. Scegliete Image > Image Rotation > 180 (Immagine > Rotazione immagine > 180, **Figura 7.106**).

Selezionate Filter > Distort > Polar Coordinates (Filtro > Distorsione > Coordinate polari). Selezionate l'opzione Rectangular to Polar (Rettangolare a polare, **Figura 7.107**).

7.105

7.106

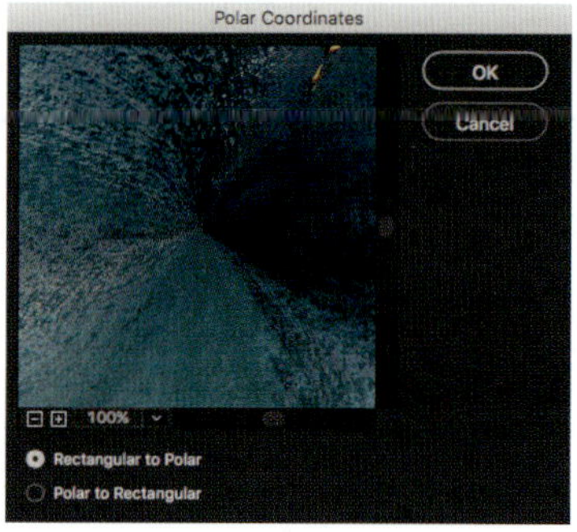


7.107

La **Figura 7.108** mostra l'aspetto del vostro pianetino. Fantastico, vero?

Facciamo un po' di pulizia. In questo caso ho fatto ruotare il pianeta. Ho deciso anche di ritagliare un po' di cose ai margini. A volte possono risultare utili lo strumento Clone Stamp (Timbro clone) e il riempimento in base al contenuto per riempire i bordi con qualcosa di più della texture di contorno. Dipende solo da voi.

7.108

La **Figura 7.109** mostra il pianetino completato.

Caspita! In questo capitolo c'erano davvero un sacco di informazioni da assimilare. Questo capitolo e il precedente vi forniscono un buon punto di partenza per iniziare a realizzare incredibili immagini aeree. In queste pagine sono descritte un sacco di tecniche. Questo libro non deve essere considerato una guida all'uso di Photoshop e Lightroom: ci sono già moltissimi ottimi libri e video sull'uso di base di questi due programmi. Questo testo è un manuale di sopravvivenza per la fotografia aerea, e ho incluso i flussi di lavoro e le tecniche che uso ogni giorno per le mie immagini aeree.

Nel prossimo capitolo vedremo brevemente come lavorare con le riprese video aeree.

7.109

CAPITOLO 8

# EDITING DELLE VIDEORIPRESE

**LE VIDEORIPRESE AEREE SONO DAVVERO ECCITANTI!** Sono quanto di più vicino al volo potete fare senza volare effettivamente. In questo capitolo vedremo alcune delle basi dell'editing delle riprese aeree. Il tema del capitolo non è "come fare editing video", semplicemente perché non abbiamo a disposizione 400 pagine per l'argomento. Sono già disponibili molte ottime risorse, e sarebbe impossibile affrontare tutti i programmi di editing video esistenti. Potreste usare iMovie, GoPro Studio, Sony Vegas, Adobe Premiere Pro, Apple Final Cut Pro, Avid o anche Photoshop.

Poiché è il mio programma di editing video preferito, useremo Adobe Premiere Pro. Ricordate che questo non è un tutorial sull'uso di Premiere Pro ma sull'editing video, e spero di condividere strategie e idee che possano funzionare su qualunque programma dedicato a questo scopo. Inizieremo parlando di qualche altro programma per video.

**CHINA BEACH, CALIFORNIA**
**DJI INSPIRE 1 PRO**

Foto di Chine Beach, vicino all'entrata di Newport Harbor.

# GRATIS (O QUASI GRATIS)

**I PROGRAMMI DI EDITING VIDEO OGGI DISPONIBILI SONO MOLTI.** Si va dai software preinstallati sui computer fino ai programmi professionali di editing usati in televisione o in produzione cinematografica. Ecco qualche esempio di programmi gratuiti o quasi: GoPro Studio, iMovie, HitFilm Express 4, Windows Movie Maker e DaVinci Resolve Lite. Potete fare editing video anche con Adobe Photoshop CS6 Extended e Photoshop CC.

I programmi professionali sono costosi. I più diffusi sono Adobe Premiere Pro, Apple Final Cut Pro, Avid Media Composer e Sony Vegas.

Altri programmi, come After Effects, SpeedGrade e DaVinci Resolve, sono specializzati negli effetti speciali e il color grading. Con questi programmi è possibile fare editing video di base, ma non sono una soluzione efficace.

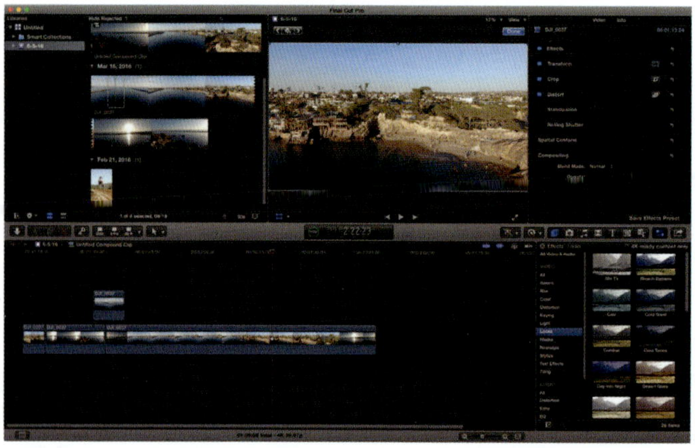

**8.1** Final Cut Pro.

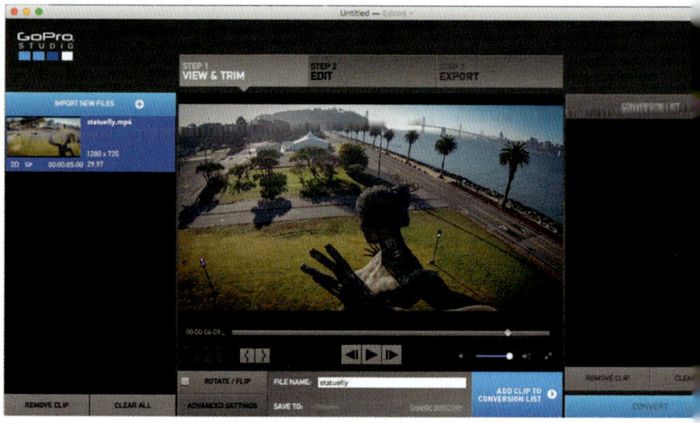


**8.2** GoPro Studio.

# RIFILARE LE CLIP

**UNA VOLTA TERMINATE LE RIPRESE** e trasferite tutte sul computer, avremo una serie di clip video. Il passaggio successivo è identificare "gli scatti", i momenti che utilizzeremo realmente. Non le impostazioni, le chiusure delle riprese o i voli per portarsi in posizione: parliamo delle riprese epiche, che dovranno essere pulite e fluide. Potreste avere più riprese della stessa situazione. Potete selezionarne più di una e poi effettuare la scelta finale o identificare fin d'ora quella vincente.

La cosa importante è che dobbiamo estrarre dalle riprese le scene migliori in assoluto. Quando si volava con le GoPro era un lavoro noiosissimo. Poiché non esisteva un comando di scatto remoto, ogni clip durava per l'intero volo. Si premeva manualmente il tasto di registrazione, si decollava e volava, e dopo l'atterraggio si premeva Stop. Tutte le clip duravano dai 10 ai 20 minuti, solo per qualche manciata di secondi di azione effettiva.

Ora si può avviare e fermare la registrazione in volo, evitando così un sacco di girato inutile. Avendo letto il Capitolo 5 sapete che è meglio avere un po' di metraggio prima e dopo la ripresa. Iniziate la registrazione qualche secondo prima della scena e terminatela qualche secondo dopo. Per prima cosa, dobbiamo trovare queste scene. Durante le riprese avete preso qualche appunto? Scrivere delle note appena dopo l'atterraggio, a mente fresca, o avere un assistente che prenda appunti non è una cattiva idea. Date un'occhiata all'app Prelude Live Logger.

## Estrarre le scene con il programma di editing digitale

Ecco il processo di estrazione delle scene con un programma di editing digitale. Parlo di estrazione perché per trovare l'oro, che c'è, dovrete scavare in tutto il metraggio. Per questo lavoro uso Premiere Pro. Con Final Cut Pro e altri programmi di editing digitale il procedimento è identico.

Importate le clip con cui volete lavorare: in Premiere Pro appariranno nel pannello Project (Progetto), in Final Cut Pro (FCP) nella Library (Libreria). Fate doppio clic per aprirle nel Source Monitor (Monitor Sorgente). Le clip non vengono aggiunte alla timeline: per ora le stiamo solo esaminando (**Figura 8.3**).

8.3

Esaminate la clip per trovare la vostra prima scena. Potete farlo in diversi modi.

- Premete il pulsante di riproduzione o la barra spaziatrice per riprodurre la clip video.
- Usate i tasti JKL. È il metodo preferito dai montatori professionisti. Premete L per riprodurre il video, K per fermarlo e J per riprodurlo all'indietro. Premendo di nuovo L, la velocità aumenta; premendo J, la velocità diminuisce. Riproducendo all'indietro, premendo di nuovo J aumenterete la velocità di riproduzione e premendo L la rallenterete. Quasi tutti i professionisti dell'editing usano questi tre tasti per navigare e posizionarsi nei punti di proprio interesse.

- Trascinate la testina di riproduzione lungo la timeline e posizionatevi rapidamente nel punto di vostro interesse (**Figura 8.4**).

8.4

Una volta trovata la scena, spostate la testina di riproduzione all'inizio dell'azione. Premete il tasto I per impostare un "punto di attacco". In questo modo avete indicato il punto di inizio della clip (**Figura 8.5**).

8.5

Riproducete sino alla fine della scena, e premete il tasto O per impostare un "punto di stacco". Vedrete evidenziata la scena che avete isolato. Notate che così non si elimina alcuna parte del video: con i punti di attacco e stacco abbiamo solo indicato l'inizio e la fine della clip (**Figura 8.6**).

Una alla volta, tutte le clip che userete finiranno nella timeline: questo è il punto dove, partendo dalle singole scene, costruirete il vostro filmato. Dalla stessa clip potreste voler estrarre altre scene, quindi questo è il punto dove potete salvare la scena che avete appena selezionato.

8.6

Ecco i passi per creare una nuova timeline (detta sequenza, **Figura 8.7**).

1. Trascinate la clip dal Source Monitor sull'icona New Item (Nuovo elemento).
2. Verrà creata una nuova sequenza che avrà nella timeline la clip selezionata. La timeline erediterà tutte le impostazioni (frequenza dei fotogrammi, dimensione, impostazioni codec) dalla clip video trascinata sull'icona New Item. (Per modificarle, selezionate Sequence > Sequence Settings (Sequenza > Impostazioni sequenza.)

NOTA *Vi basta creare un'unica sequenza per ciascun filmato che realizzate. Ogni ulteriore clip verrà aggiunta alla timeline della stessa sequenza (timeline e sequenze sono la stessa cosa).*

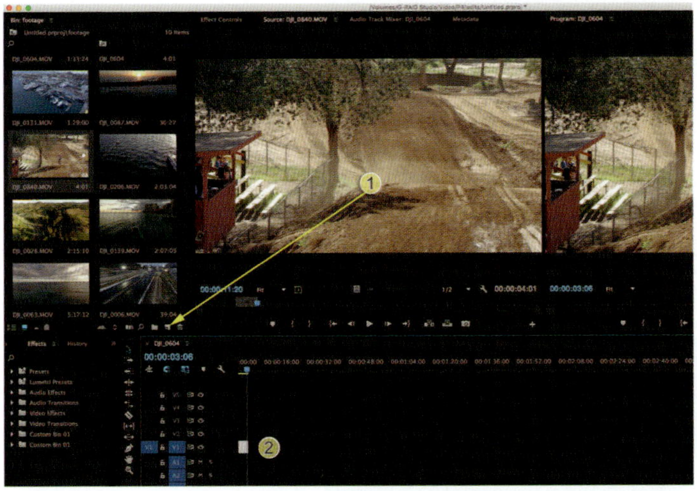


8.7

Se preferite preparare tutte le scene e aggiungerle successivamente alla timeline, potete creare clip secondarie (chiamate *compound clip* in FCP X). Una clip secondaria è un file separato che contiene il video dal punto di attacco a quello di stacco. Funziona come una qualsiasi clip video, ma è già stata selezionata ed è pronta per essere assemblata in una fase successiva.

Per creare una clip secondaria fate clic con il pulsante destro sulla clip nel Source Monitor e selezionate Make Subclip (Crea clip secondaria). Apparirà una finestra di dialogo (**Figura 8.8**). Ricordatevi di selezionare Restrict Trims To Subclip Boundaries (Vincola tagli ai limiti delle clip secondarie) e assegnate un nome alla clip secondaria.

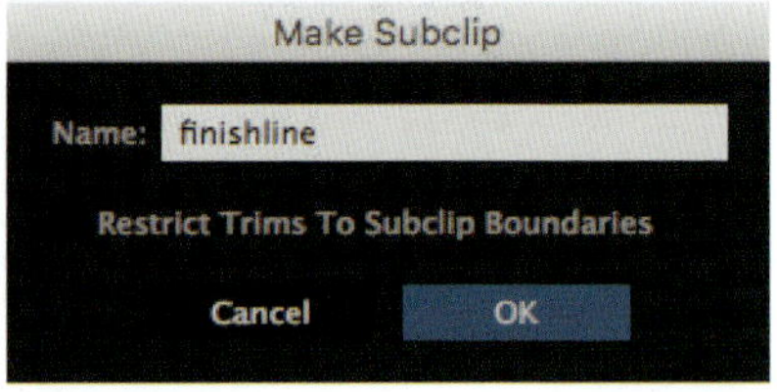


8.8

Vedrete la clip nominata nel pannello Project (o nella cartella). Vi suggerisco di creare una cartella facendo clic sull'icona Folder (Nuovo raccoglitore) e assegnandole un nome. Potrete trascinare in quella cartella le clip secondarie per conservarle tutte insieme (**Figura 8.9**).

8.9

Riproducete il resto della clip per cercare ulteriori scene. Eccone un'altra che potremmo voler utilizzare (**Figura 8.10**).

8.10

Come fare per creare la prossima clip? I punti di attacco e stacco sono già impostati. Semplicemente premiamo I per impostare un nuovo punto di attacco per la testina di riproduzione. Se si trova dopo il punto di stacco, questo verrà cancellato. Trovate la fine della seconda clip e premete O per impostare il nuovo punto di stacco. Ecco fatto: da una clip abbiamo ricavato due scene pulite.

Convertite questa clip in una nuova clip secondaria, o aggiungetela alla timeline se la state assemblando in corso d'opera. Per aggiungerla alla timeline, assicuratevi che la testina di riproduzione sia posizionata alla fine della clip precedente e premete il tasto virgola (,) (**Figura 8.11**).

Per assemblare la timeline continuate a ripetere queste operazioni per tutte le clip: create clip secondarie e poi assemblatele, oppure aggiungetele volta per volta alla timeline.

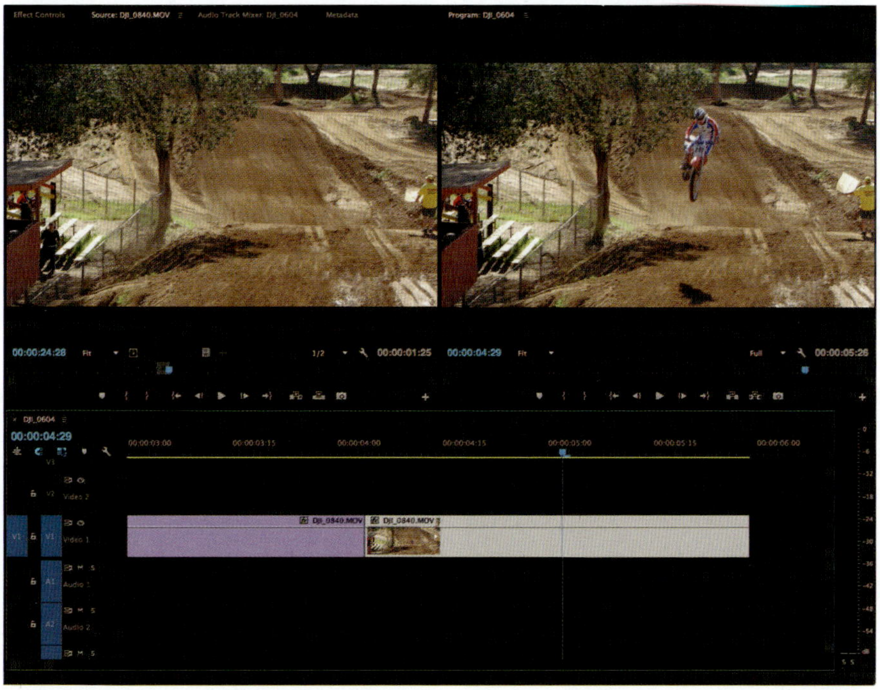


**8.11**

## Rifilare in Photoshop

Sapete che potete montare i video con Photoshop? Photoshop CS6 e CC sono in grado di lavorare con i video. Potete ottenere risultati davvero notevoli. Sono un po' più lenti di Premiere Pro, ma fanno il loro lavoro come si deve.

Fate clic su File > Open (File > Apri) e selezionate la vostra clip video, che si aprirà in Photoshop. Se non vedete la timeline, fate clic su Window > Timeline (Finestra > Timeline, **Figura 8.12**).

Per impostare il punto di attacco, posizionate il cursore all'inizio della clip sulla timeline e trascinatelo verso destra. Apparirà una piccola finestra nella quale vedrete la modifica in anteprima. Rilasciate per selezionare il nuovo punto di attacco (**Figura 8.13**). Per impostare il punto di stacco, partendo dal lato destro della clip trascinate verso sinistra. Vedrete una piccola finestra che vi mostrerà il punto che state selezionando (**Figura 8.14**).

Potete aggiungere ulteriori clip alla timeline facendo clic sull'icona con la pellicola sulla sinistra della timeline e selezionando Add Media (Aggiungi file multimediale, **Figura 8.15**).

8.12

8.13

8.14

8.15

## PERCHÉ RIFILARE?

Il vecchio modo di realizzare filmati obbligava le persone a vedere l'intero video dall'inizio alla fine. Veniva riprodotto l'intero girato. Oggi la tecnologia ci permette di modificare i nostri filmati rendendoli brevi e intensi, in modo che il pubblico sia più interessato a vederli. Condividendo online i video aerei, non andate oltre i tre minuti di lunghezza; spesso 90 secondi sono sufficienti. Mantenete i vostri filmati brevi e fluidi, e il pubblico sarà felice di vederli; se sono troppo lunghi, le persone si annoieranno molto rapidamente.

C'è un detto: "Se hai un dubbio, taglia". Se non siete certi del valore di una scena, non includetela. I vostri video devono essere convincenti e interessanti.

# FOTOGRAFIE DAI VIDEO

**È SEMPRE MEGLIO SCATTARE LE FOTO SEPARATAMENTE** perché per ottenere la massima qualità dobbiamo realizzarle in formato RAW. Inoltre, la velocità dell'otturatore sarà impostata per i video, che per via della sfocatura non è l'ideale per le foto. Ci sono però occasioni in cui il video cattura un momento magico che non può essere replicato con una fotografia.

Un buon esempio è il mio iconico scatto del "pellicano dall'alto". È stata la prima immagine di questo tipo (prima dell'aquila su Dronestagram) ed è stata usata da DJI, Adobe e numerosi rivenditori di droni per mostrare ciò che è possibile fare con questa tecnologia. È stata anche esposta a livello internazionale come parte della Skypixel Perspectives Gallery.

Ecco la storia di questo scatto: era la prima volta che volavo sull'oceano, e stavo usando un Phantom 1 con una GoPro Hero 3 Black Edition, girando a 1080p. Dopo aver filmato alcuni surfisti, stavo riportando a terra il Phantom. Ho visto il pellicano volare verso di me lungo una traiettoria che passava sotto la telecamera. Mi batteva il cuore per l'eccitazione. Ho fatto qualche veloce modifica all'angolo della telecamera facendo stazionare il velivolo perfettamente immobile. Il pellicano non era assolutamente infastidito dal drone ed è sfrecciato molto vicino, sotto la telecamera. Anche se allora non avevo alcun dispositivo FPV, sapevo di aver realizzato lo scatto del secolo. Il pellicano appariva esattamente in 25 fotogrammi, quindi tutto è durato esattamente un secondo.

Ho trovato il fotogramma migliore e ho reso i colori un po' più caldi per ricreare quelli presenti al momento della ripresa. In questa versione della foto ho anche creato una vignettatura per evidenziare meglio il pellicano, che ha gli stessi colori dell'ambiente. Non ci sono altre modifiche o manipolazioni (**Figura 8.16**).

8.16

Per fare tutto ciò, bisogna estrarre una fotografia dal video. Dopo aver studiato e provato diversi metodi, ritengo che le due migliori modalità per estrarre un fermo immagine da un video senza perdere qualità sono disponibili in Premiere Pro e in Lightroom. (Per l'immagine del pellicano ho usato Lightroom.) Entrambi i metodi producono la stessa qualità e lo stesso risultato.

## Estrarre un'immagine fissa in Premiere Pro

Questo metodo è rapido e semplice. È la soluzione migliore se montando il video trovate un fotogramma che volete trasformare in un'immagine fissa. Usate i tasti freccia destra e freccia sinistra per spostarvi avanti e indietro, un fotogramma alla volta, per trovare esattamente quello che volete estrarre. Fate clic sul pulsante Export Frame (Esporta fotogramma) o premete Ctrl+Maiusc+E (**Figura 8.17**).

8.17

Quando si apre la finestra di dialogo Export Frame, scegliete il formato TIFF, un formato non distruttivo che conserverà la maggior parte del dettaglio (**Figura 8.18**).

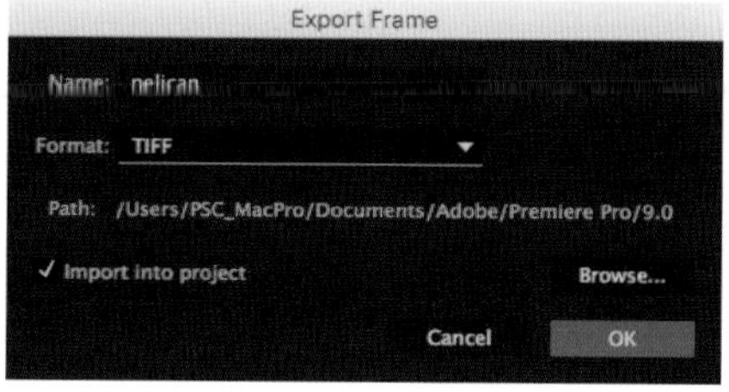


8.18

Selezionate la casella di controllo Import Into Project (Importa nel progetto) per aggiungere l'immagine al pannello Project. Sarà più facile trovarla: basta fare clic con il pulsante destro e scegliere Reveal in Finder (Mostra in Esplora risorse).

## Estrarre un'immagine fissa in Lightroom

Lightroom è un ottimo programma per estrarre fermi immagine da un video. La prima cosa che dovete fare è aprire il video nel modulo Library (Libreria).

Nella parte inferiore della finestra vedrete un lettore video (**Figura 8.19**).

1. Fate clic sulla piccola icona con l'ingranaggio per aprire le opzioni.
2. Scorrete lungo il video.
3. Fate clic sulle frecce per spostarvi un fotogramma alla volta e trovare esattamente quello che volete.

Quando lo avete trovato, fate clic sulla casella di controllo a fianco dell'ingranaggio e selezionate Capture Frame (Acquisisci fotogramma, **Figura 8.24**). Ecco fatto!

8.19

8.20

8.21

8.22

8.23

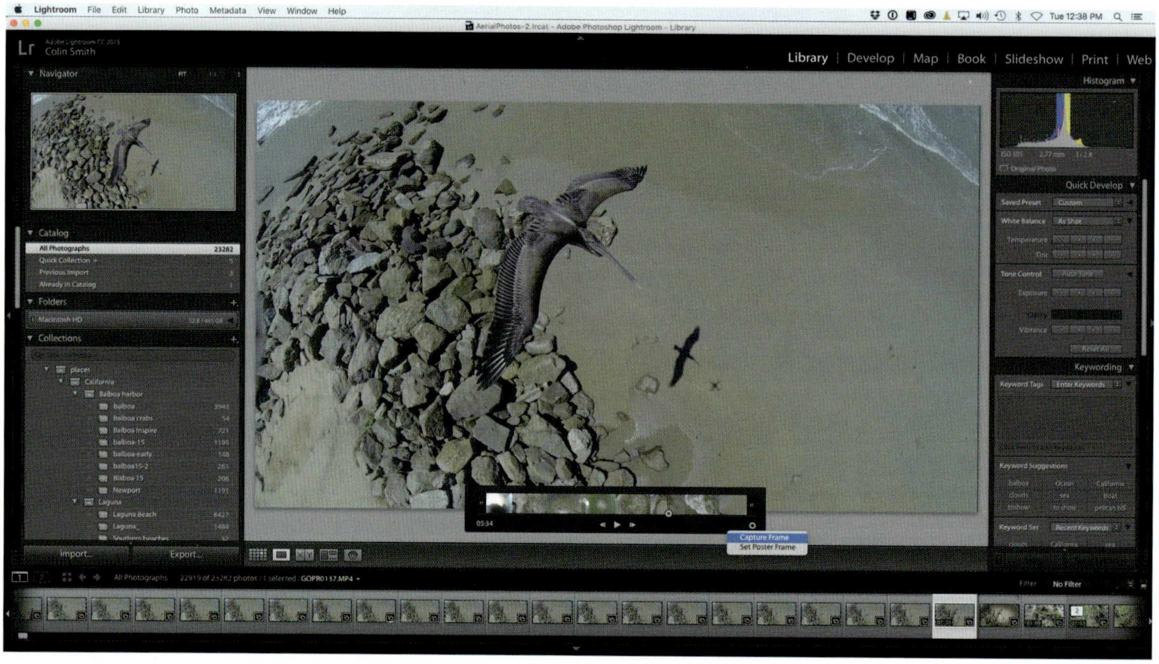


8.24

Uno scatto di questo tipo è più orientato a catturare l'attimo irripetibile piuttosto che l'espressione artistica. Applicate le modifiche indispensabili e mantenete l'integrità documentativa. Qui ho fatto qualche minima regolazione per finalizzare l'immagine (**Figura 8.25**).

8.25

# COLOR GRADING

**COLOR GRADING È UN TERMINE RICERCATO** che significa far apparire sorprendente il vostro video. Il grading e la correzione del colore vengono usati per correggere i problemi come le dominanti cromatiche dei video e creare un aspetto cinematografico. Ci sono diversi programmi disponibili per il color grading, per esempio DaVinci Resolve, After Effects e SpeedGrade. Potete anche fare molto con il vostro programma di editing video.

## Lumetri

Recentemente a Premiere Pro CC è stato aggiunto il pannello Lumetri per la correzione cromatica e tonale. Questo lo rende semplice come Lightroom per effettuare le correzioni sui video. Per prima cosa vedremo le regolazioni e i miglioramenti di base.

Questa clip è stata girata un po' troppo tardi nel corso della giornata. A causa delle nubi non si vede il tramonto e le cose finiscono per apparire un po' fosche e blu. Per applicare le correzioni, selezionate la clip nella timeline e aprite il pannello Lumetri, selezionando Window > Lumetri Color (Finestra > Colore Lumetri, **Figura 8.26**). In passato fare una semplice correzione cromatica di un video richiedeva una certa abilità. Ora basta trascinare il cursore Temperature (Temperatura) come si fa in Lightroom per rendere una foto più calda (**Figura 8.27**).

8.26

8.27

Nel pannello Basic Correction (Correzione di base) ci sono i cursori per i toni. Qui ho fatto alcune correzioni per aggiungere un po' di contrasto alla ripresa, ma senza esagerare. I nomi e le funzioni dei cursori sono simili a quelli di Lightroom. Facendo editing video, in generale introdurrete un po' più contrasto e un po' meno saturazione di quanto fareste in fotografia. Noterete che nei film e in televisione i coloristi spesso scuriscono i neri per ottenere un effetto più cinematografico. Naturalmente questa non è una regola ferrea, e potete fare ciò che volete per conferire ai vostri video l'aspetto che preferite (**Figure 8.28**).

1. **Exposure (Esposizione):** luminosità generale.
2. **Contrast (Contrasto):** modifica la luminosità generale e i toni scuri. Alto contrasto significa maggiore durezza. Un contrasto più basso implica più dettagli nelle ombre e nelle alte luci.
3. **Highlights (Luci):** trascinandolo verso sinistra recupera i dettagli nelle alte luci.
4. **Shadows (Ombre):** trascinandolo verso destra recupera i dettagli nelle ombre.
5. **Whites (Bianchi):** trascinandolo verso destra illumina e pulisce le aree delle alte luci.
6. **Blacks (Neri):** trascinandolo verso sinistra aggiunge profondità e arricchisce i neri delle ombre.

8.28

## Cosa dire dell'istogramma?

Di solito, modificando le foto guardate l'istogramma per vedere se c'è clipping delle ombre o delle alte luci. Per i video, questi indicatori si chiamano *oscilloscopi*. In Premiere Pro si chiamano oscilloscopi Lumetri e si trovano sotto Window > Lumetri Scopes (Finestra > Oscilloscopi Lumetri). Quando si apre il pannello, potrebbe essere vuoto. Nella parte inferiore vedrete l'icona di una piccola chiave inglese, tramite la quale potete scegliere quali oscilloscopi usare. Ce ne sono diversi, e comprendere il funzionamento di tutti richiede un corso dedicato.

In questa immagine ho aperto l'istogramma e RGB Parade (Allineamento RGB). Potete vedere che l'istogramma è molto simile a quello di Photoshop, con la differenza che è ruotato di 270 gradi. Le ombre sono in basso e le alte luci in alto.

Uno degli oscilloscopi più utili per il video è RGB Parade. Qui potete vedere contemporaneamente i tre canali colore e le ombre in basso. Se i colori oltrepassano il limite inferiore, quelle ombre saranno compresse e perderanno dettaglio. Se i colori oltrepassano il limite superiore, significa che le alte luci sono bruciate (**Figura 8.29**).

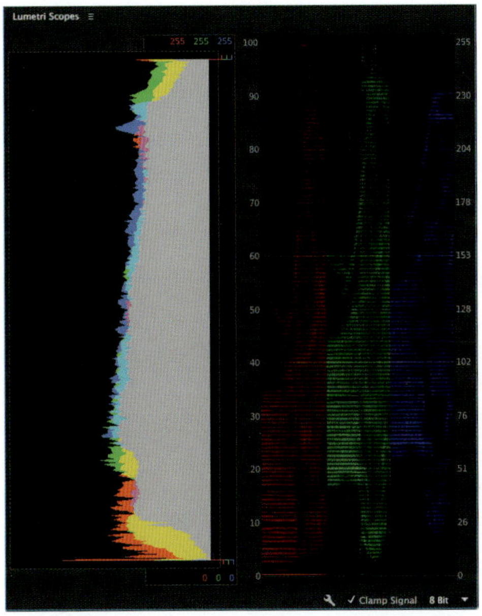


8.29

## Aggiungere colore alle ombre e alle alte luci

Una pratica molto diffusa nel color grading consiste nell'aggiungere colore alle ombre e alle alte luci. Forse la combinazione più diffusa è blu/verdastro nelle ombre e giallo/arancio nelle alte luci. Viene soprannominato "aspetto blockbuster" e potete vederlo in molti film di Hollywood.

Naturalmente, se volete realizzare belle riprese naturalistiche, potete prendere esempio dal *National Geographic* e mantenere i colori più naturali possibile limitandovi principalmente al pannello Basic Correction. Se invece desiderate un aspetto più da film drammatico, questi strumenti sono i vostri migliori alleati.

Fate clic sul pannello Color Wheels (Ruote dei colori). Vedrete che è suddiviso in tre aree: Shadows (Ombre), Midtones (Mezzitoni) e Highlights (Luci). Con il cursore a sinistra delle ruote potete schiarire e scurire i rispettivi toni. Per correggere i colori trascinate la ruota verso il colore che volete incrementare. Premendo il tasto Maiusc le muoverete più velocemente (**Figura 8.30**).

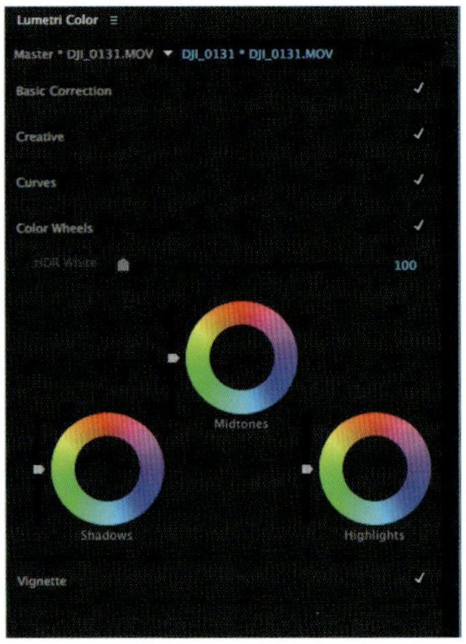


8.30

In questo caso abbiamo applicato alla ripresa lievi modifiche nelle ombre e nelle alte luci. Abbiamo aggiunto un po' di verde alle ombre per far apparire l'acqua più naturale, e un po' di rosso alle alte luci (**Figura 8.31**).

8.31

Per dimostrare ulteriormente la potenza dell'aspetto da cinema hollywoodiano, prendiamo una ripresa come appena realizzata con la telecamera e aggiungiamole un lieve aspetto da blockbuster (**Figura 8.32**).

1. Aggiungiamo un po' di verde petrolio nelle ombre.
2. Aggiungiamo arancione nelle alte luci.
3. Scuriamo le ombre.
4. Infine, schiariamo le luci.

8.32

Nella **Figura 8.33** potete vedere il risultato.

8.33

## Raccontare storie usando il color grading

In questa ripresa dimostrativa voliamo sul porto in direzione del padiglione. I nostri eroi sono su una barca. Mentre ci avviciniamo, la barca entra in scena e noi la seguiamo fino al molo. Questo potrebbe essere il momento perfetto per tagliare su un dialogo che si svolge sulla barca. Come potete vedere in questa sequenza, il color grading contribuisce alla narrazione. Che cosa hanno fatto? Dove sono stati i nostri eroi e che cosa faranno dopo? (**Figure 8.34** e **8.36**)

8.34

8.35

8.36

La ripresa dimostrativa cattura l'attenzione degli spettatori e li predispone per la successiva fase della storia, fornendo una collocazione ambientale e un'atmosfera. Vediamo come creare questo aspetto. Se non usate Premiere Pro CC potete applicare questi principi agli strumenti disponibili nel vostro programma di editing.

Partiamo prima di tutto dal pannello Basic Correction apportando le correzioni come abbiamo fatto prima. Questa volta sfrutteremo il blu cupo e persino lo miglioreremo (**Figura 8.37**).

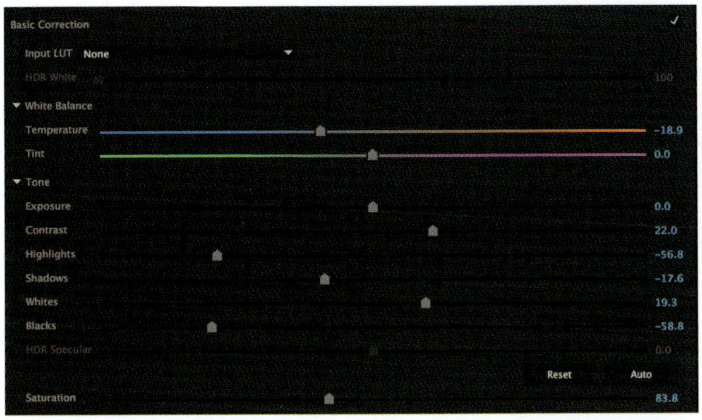


8.37

Passiamo poi al pannello Creative (Creativo). Per ora non preoccupatevi dell'aspetto: ce ne occuperemo più avanti. Qui possiamo applicare un po' di look blockbuster nelle ruote dei colori delle ombre e delle alte luci. Diminuire la saturazione e incrementare la vividezza è una buona combinazione per ridurre i colori fastidiosi. Ho anche aggiunto una patina lievemente sbiadita, che riduce un po' il contrasto nelle ombre (**Figura 8.38**).

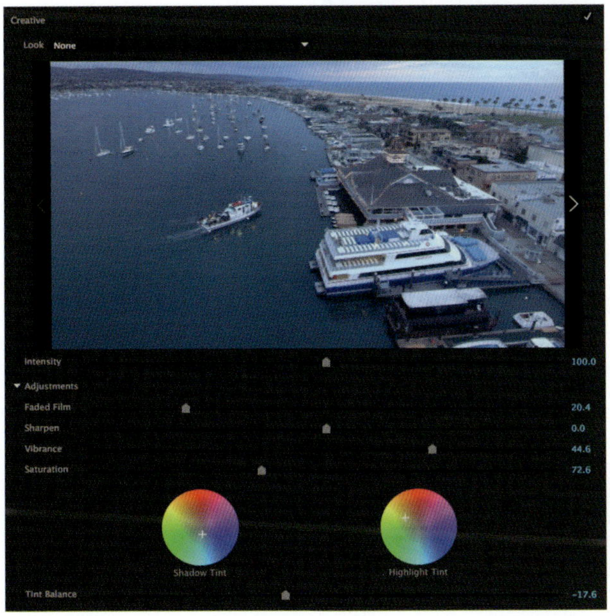


8.38

Sotto RGB Curves (Curve RGB) possiamo effettuare le regolazioni dei diversi toni. Funziona come le curve in Photoshop o in Lightroom. Incrementiamo la luminosità generale dei mezzitoni spingendo un po' verso l'alto la parte centrale. Nelle curve, le ombre sono a sinistra e le alte luci a destra. Spingendo la linea diagonale verso l'alto si schiariscono i toni in quell'area; tirando la linea verso il basso si scuriscono le aree delle luci (**Figura 8.39**).

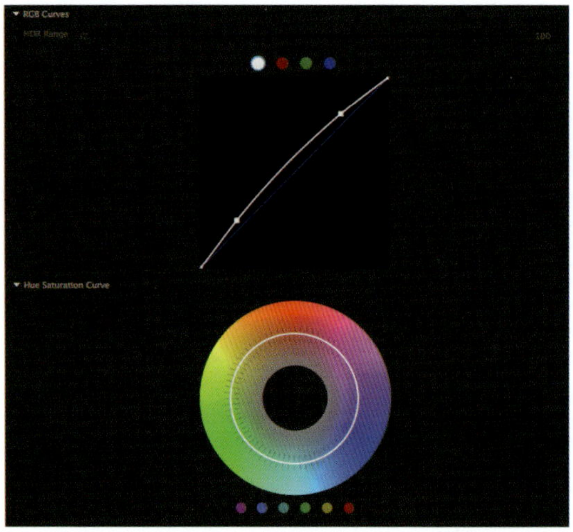

8.39

Nella sezione Color Wheels ho aggiunto ulteriore blu alle ombre e un tocco di magenta ai mezzitoni, in modo che la clip non risultasse troppo monotono (**Figura 8.40**).

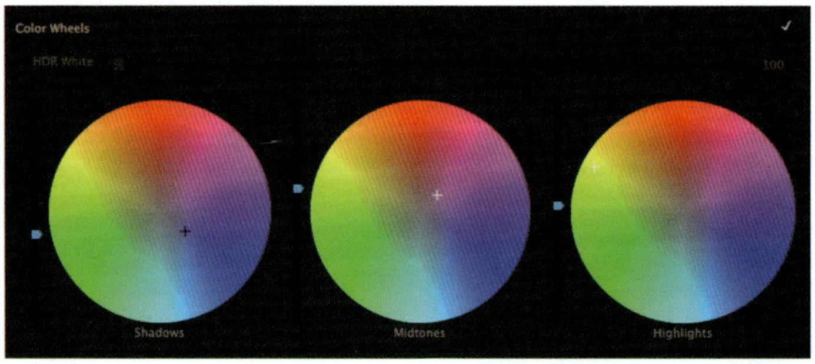


8.40

Infine, nel pannello c'è la sezione Vignette (Vignettatura). Usata con parsimonia, la vignettatura scurisce i bordi e concentra l'attenzione sulla parte centrale della ripresa. Nei video uso la vignettatura con molta cautela, ma impiegata nelle giuste riprese crea un impatto davvero notevole. In questo caso volevo creare una sensazione drammatica e di mistero, e la vignettatura contribuisce proprio a questo (**Figura 8.41**).

8.41

# LUT

**UNA DELLE COSE PIÙ INTERESSANTI** di cui occuparsi per l'elaborazione video sono le LUT (*lookup tables*, tabelle di consultazione). Senza annoiarvi con gli aspetti tecnici, una LUT è sostanzialmente un predefinito che potete applicare alle vostre riprese per conferire loro un certo "aspetto" o stile. Le LUT sono interessanti perché funzionano con numerosi programmi, tra cui After Effects, Premiere pro, DaVinci Resolve, Final Cut Pro e Photoshop.

Analizzeremo alcune LUT predefinite integrate in Premiere Pro. Poi creeremo una nostra LUT in Photoshop e la applicheremo in Premiere Pro. La stessa LUT funzionerà anche in Final Cut Pro.

## Usare le LUT

Quando abbiamo esaminato il pannello Lumetri in Adobe Premiere Pro CC, ho tralasciato volutamente le LUT perché volevo dedicare loro uno specifico paragrafo.

Nel pannello Creative del pannello Lumetri vedrete il menu a comparsa Look con tutti i look installati (ecco cosa sono le LUT). Vediamo come funzionano, usando alcune riprese che ho realizzato recentemente alle Hawaii (**Figura 8.42**).

8.42

Vedrete una finestra di anteprima che vi permetterà di esaminare i diversi effetti. Fate clic sulla freccia della miniatura per navigare tra le LUT e visualizzare un'anteprima di come influiscono sul vostro video (**Figura 8.43**).

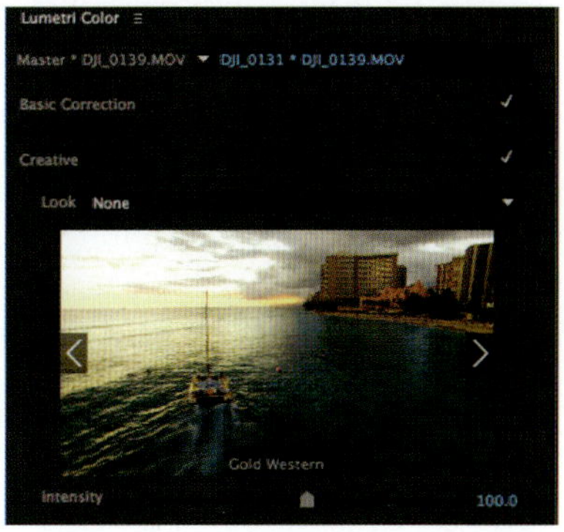


8.43

Una volta trovata la giusta LUT, fate clic sulla finestra di anteprima per applicarla o sceglietene una dall'elenco a discesa. Potete regolare l'intensità dell'effetto spostando il cursore Intensity (Intensità, **Figura 8.44**).

8.44

Il look può essere perfezionato modificando altre impostazioni nel pannello Lumetri. In genere è una buona idea applicare prima la LUT e poi ritoccare le impostazioni per adattarla alle riprese. Ecco la scena con applicata qualche correzione (**Figura 8.45**).

8.45

Scorrete lungo il video per assicurarvi che l'effetto funzioni bene per tutte le inquadrature. Questa è un'inquadratura diversa della stessa ripresa, in cui potete vedere le impostazioni applicate per personalizzare questo look (**Figura 8.46**).

Noterete che nel pannello Basic Correction c'è uno slot vuoto per inserire una LUT. Si tratta di una cosa diversa dalla LUT del pannello Creative che abbiamo applicato. Spesso si applicano prima le LUT della telecamera. Applicando una LUT della telecamera nel pannello Basic Correction si crea un buon punto di partenza che consente di risparmiare tempo quando si modifica una qualsiasi clip. In questo modo è anche possibile applicare due LUT: la prima per ottenere una clip corretta e pulita, e la seconda che verrà applicata per ottenere un effetto creativo. Vediamo come creare una semplice LUT della telecamera.

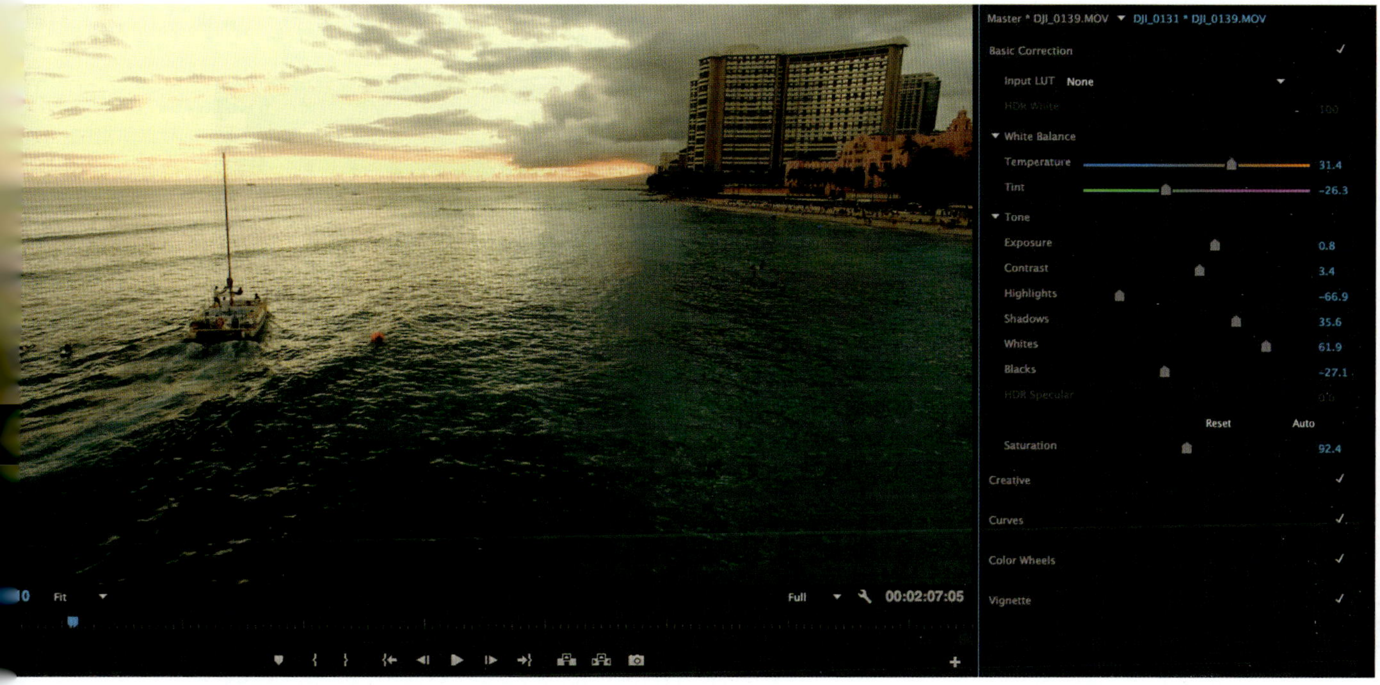


8.46

## Sviluppare le proprie LUT

Le LUT sono fantastiche per lavorare con i predefiniti e ottenere effetti interessanti con un solo clic. Vi mostrerò come creare le vostre LUT in Photoshop, che potrete usare per finalità di correzione di base, personalizzate o creative.

### CREARE UNA LUT DI PROFILAZIONE DELLA TELECAMERA

In questo piccolo tutorial vi mostrerò come creare una LUT specifica per la vostra telecamera. Se possedete più di un drone, vi suggerisco di crearne una per ogni velivolo. Vi farà risparmiare un sacco di tempo in futuro e vi fornirà ogni volta un punto di partenza rapido e preciso. Stiamo parlando della gestione di base del colore, che darà al vostro filmato esattamente l'aspetto che dovrebbe avere.

### FOTOGRAFARE UNO STRUMENTO DI RIFERIMENTO

La prima cosa da fare è scattare una foto con la telecamera. Non dovrete però fotografare una cosa qualsiasi: avete bisogno di un oggetto noto e misurabile. Io uso l'X-Rite ColorChecker; gli esperti di editing video lo usano per calibrare specifici colori. Potete usare anche un cartoncino grigio, purché comprenda il grigio 18%, il nero e il bianco. Un attimo: una foto? Pensavo stessimo parlando di video. È così, ma la LUT che realizzeremo dalla foto funzionerà per i video.

La **Figura 8.47** è un bello scatto del ColorChecker. La **Figura 8.48** è il nostro scatto con il Phantom 4.

8.47

8.48

Quest'ultimo non sembra per nulla buono, ma va bene così. Lo scopo è correggerlo e dalle correzioni creare una LUT. La prima cosa che forse noterete è che la vostra telecamera aerea potrebbe avere qualche problema nel mettere a fuoco qualcosa di così vicino. Va bene così: la messa a fuoco non ha una grande importanza se nell'inquadratura si vedono le tessere. Notate anche che c'è un nero riflettente, e che l'ho posizionato in modo che almeno una parte sia in ombra. La tessera nera lucida in realtà è in grado di mostrare neri più scuri rispetto alla tessera opaca.

Se desiderate ottenere colori estremamente precisi, aprite il ColorChecker davanti alla telecamera e fotografatelo prima di volare per registrare la temperatura colore dell'ambiente. Scattate con il checker in piena luce e in ombra, in modo da avere entrambi i campionamenti. Col tempo, probabilmente finirete per usare più spesso il campionamento in piena luce.

## MESSA A PUNTO NEL SOFTWARE

Aprite lo scatto in Photoshop CC (le LUT sono una novità in Photoshop, e funzionano solo in CC). Se preferite potete ritagliare stretto sul ColorChecker. Se è un file raw, apritelo in Photoshop senza effettuare correzioni. Assicuratevi che sia su un unico livello di sfondo o la LUT non funzionerà.

Applicate un livello di regolazione Curves (Curve); useremo gli strumenti contagocce visibili nel pannello Properties (Proprietà) a sinistra (**Figura 8.49**).

1. **Impostate il punto di nero.** Definisce il punto più scuro dell'immagine.
2. **Impostate il punto di grigio.** Imposta il bilanciamento del bianco.
3. **Impostate il punto di bianco.** Definisce la parte più luminosa dell'immagine come bianco.

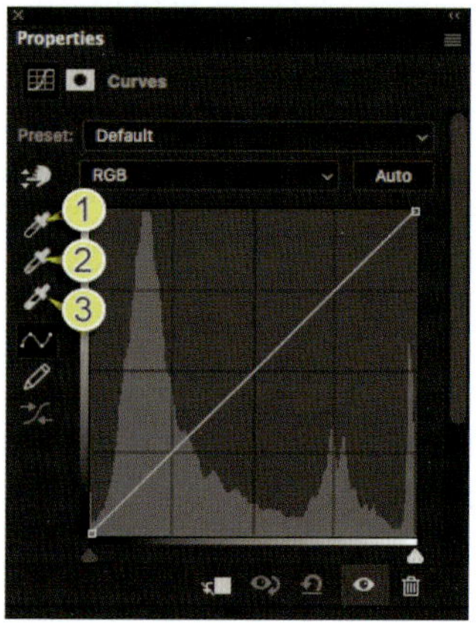


8.49

La prima cosa che faremo è perfezionare le impostazioni: possiamo farlo solo una volta. Se avessi fatto clic sulla parte più luminosa dell'immagine, l'avrei impostata come bianco puro privo di dettaglio, e il punto di nero sarebbe nero puro senza dettaglio. Il contrasto aumenterebbe, mentre ciò che vogliamo è una gamma dinamica un po' più ampia: dobbiamo quindi ridefinire il concetto di bianco e di nero per i contagocce. Non capite? Va bene così: proseguiamo e presto tutto avrà senso.

Fate doppio clic sul contagocce bianco (**Figura 8.50**). Vedrete un selettore colore. Modificate il valore in B (Brightness) da 100 a 90. In questo modo disporrete di un margine del 10% nelle alte luci. (Per la stampa aggiungiamo solo un 5%, ma per il video si può aggiungere qualcosa di più. Potete provare il 5%: sperimentate!) Fate clic su OK.

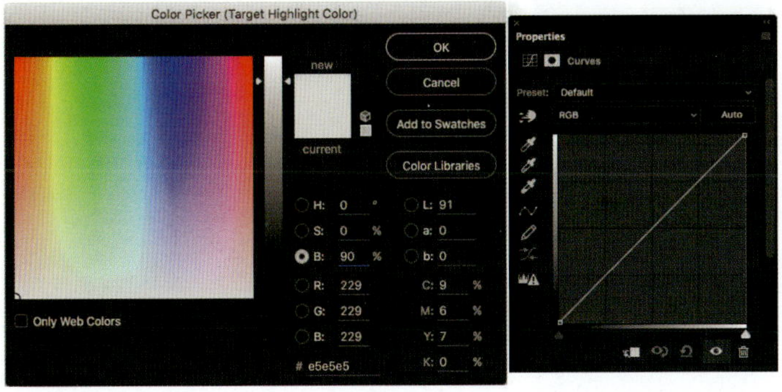


8.50

Fate doppio clic sul contagocce nero e impostate B a 10. A un certo punto potrebbe apparire una finestra di dialogo che chiederà se volete salvare questi come nuovi valori come predefiniti. Fate clic su OK e non dovrete compiere nuovamente questo passaggio in futuro (**Figura 8.51**).

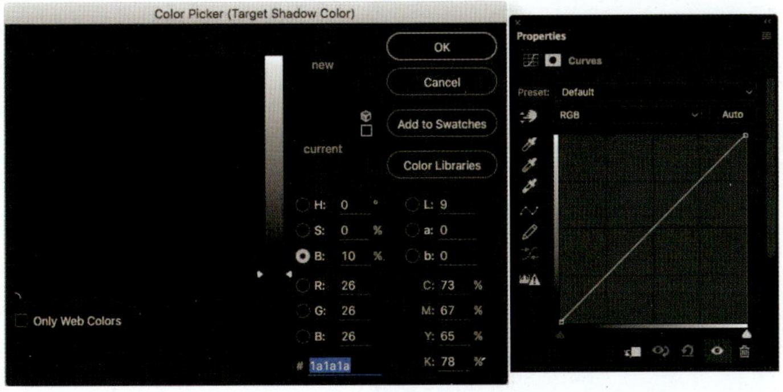


8.51

## CREARE LA LUT

Qui effettuiamo le reali correzioni e le salviamo come LUT. Notate che un lato del ColorChecker è esposto alla luce solare, mentre l'altro è in ombra. Stiamo creando due profili: uno per la luce solare diretta, l'altro per l'ombra. Avremo così l'opportunità di usare quello più appropriato.

Con il livello di regolazione Curves ancora aperto (**Figura 8.52**), effettuate quanto segue.

1. Fate clic sul contagocce bianco. Fate clic sulla striscia bianca: questo è il bianco puro.
2. Selezionate il contagocce nero e fate clic nell'area più scura della striscia nera.
3. Prendete il contagocce grigio e fate clic nella striscia grigia della foto per definire il punto di grigio (bilanciamento cromatico). Se usate le tessere più piccole, scegliete l'opzione grigio 18%.

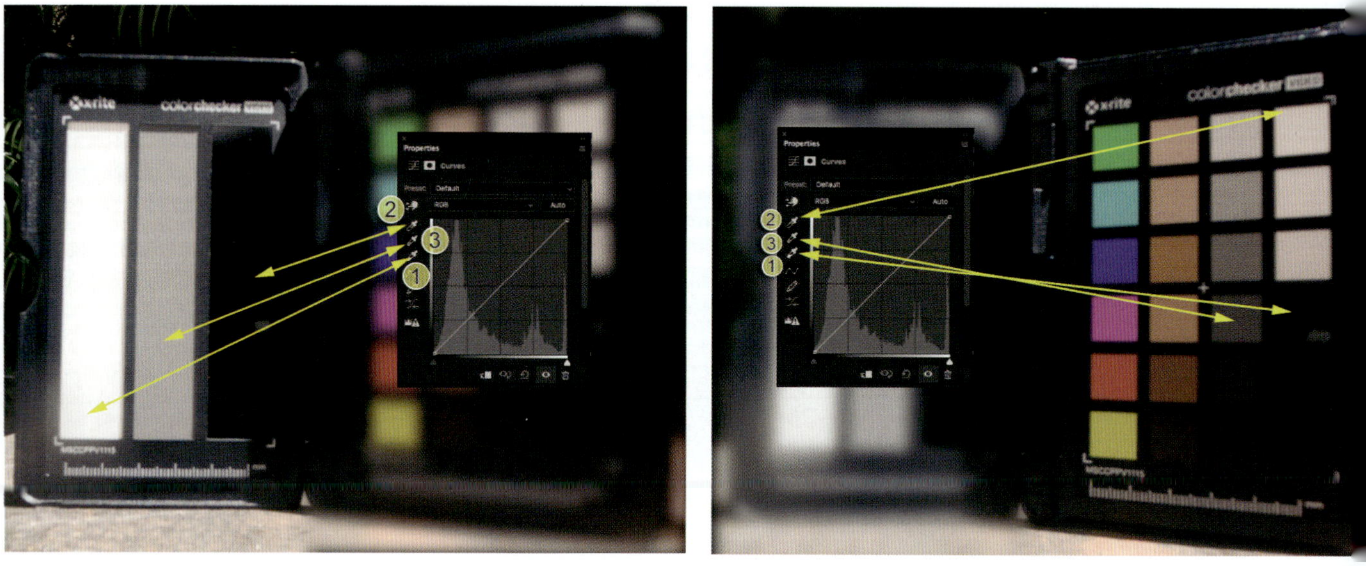


8.52

La **Figura 8.53** mostra che ora le tessere dei colori sono calibrate correttamente nella foto.

8.53

Notate i cambiamenti nelle curve. Queste sono le esatte correzioni necessarie per ottenere la correzione del colore e il bilanciamento del bianco nelle attuali condizioni di luce. Ora dobbiamo trasferire queste informazioni ai video, convertendo le correzioni in una LUT (**Figure 8.54**).

Selezionate Export > Color Lookup Tables (Esporta > Tavole di consultazione colore). Scegliete il formato della LUT (**Figura 8.55**). Di norma, 3DL e CUBE andranno bene per il vostro programma di editing video. Fate clic su OK.

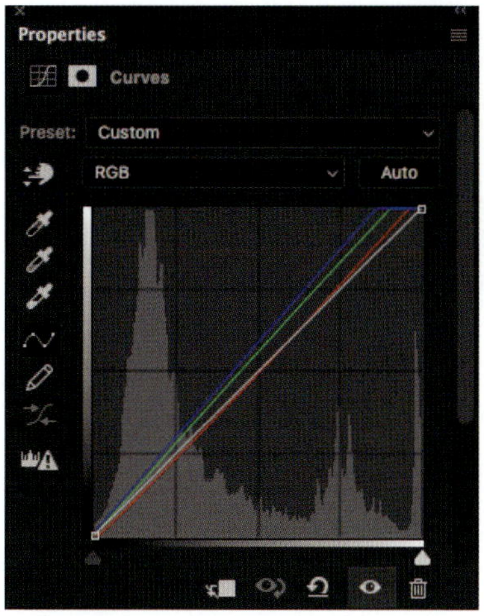


8.54

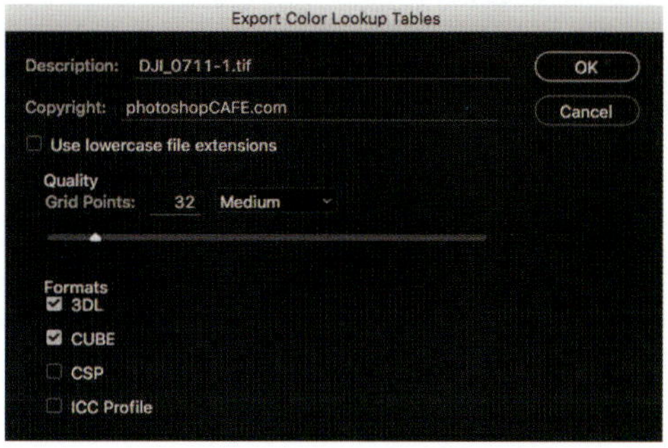


8.55

Ora date un nome alla LUT e scegliete dove salvarla. Verrà creato un file LUT. In questo caso l'ho chiamato P4shade-color.lut. È dedicato alla correzione dei colori ombreggiati con il Phantom 4. Ne ho anche creato uno per la luce solare diretta, chiamato P4 Sunny Color. Date alle vostre LUT il nome che volete e che sia facilmente identificabile in futuro. Create una serie di LUT per la correzione colore per ognuna delle vostre telecamere aeree. Una semplice LUT per il sole e una per le ombre potranno essere riutilizzate per la maggior parte dei vostri video. Tuttavia, con diverse situazioni di illuminazione, per esempio luce artificiale, alba e tramonto, dovrete fotografare la tavola dei colori e creare LUT specifiche (**Figura 8.56**).

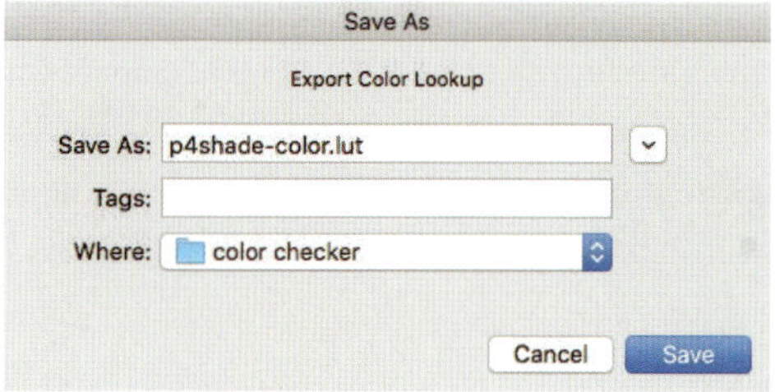


8.56

## USARE LE PROPRIE LUT

Ora che avete creato alcune LUT, usiamole nei nostri video. Ripeto, io uso Premiere Pro, ma potete usare queste LUT in qualsiasi programma di editing video in grado di supportarle. La maggior parte dei programmi professionali supporta le LUT: se il vostro non lo fa, ci saranno plugin e programmi di terze parti adatti allo scopo.

La **Figura 8.57** è una ripresa effettuata nel deserto con un aspetto molto caldo. Calibriamo i colori usando la nostra LUT.

Apriamo il pannello Lumetri. In funzione di come lo volete usare, aprite il pannello Basic Correction o il pannello Creative.

8.57

**NOTA** *Se la aprite come LUT di input nel pannello base, non avrete la possibilità di attenuarla, ma potrete applicare una seconda LUT nel pannello Creative per dare "sapore" alla ripresa.*

Se la aprite nel pannello Creative, potrete regolare l'intensità dell'effetto ma non applicare una seconda LUT.

Dato che questa è una LUT funzionale (LUT della telecamera), cioè pensata per correggere il video e non per applicare effetti creativi, la apriremo nel pannello Basic Correction.

Nel pannello Basic Correction (**Figure 8.58**), fate clic nel campo vicino a Input LUT (LUT di input): apparirà un elenco di LUT disponibili. Noi useremo la nostra personalizzata. Fate clic su Browse (Sfoglia).

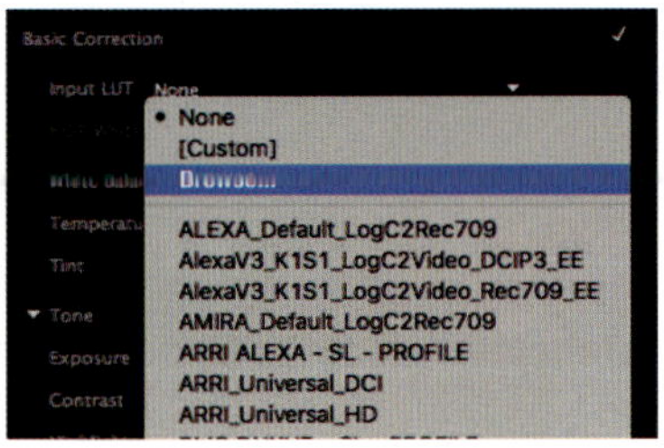


8.58

Navigate fino alla LUT creata in precedenza (in questo caso P4 Sunny Color.3DL). Useremo quella creata per la luce solare diretta e non per le ombre, dato che il video su cui stiamo lavorando è stato girato in pieno sole (**Figura 8.59**).

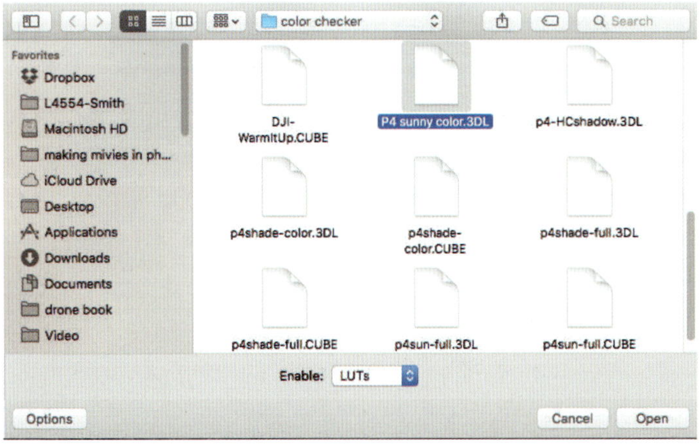


8.59

La **Figura 8.60** mostra che la dominante cromatica nella ripresa è stata calibrata con un paio di clic.

8.60

Per alcune riprese questo effetto può apparire un po' sterile, dato che in sostanza rimuove tutte le luci colorate e produce un risultato con un perfetto bilanciamento del bianco. L'intenzione è questa, e si tratta di un buon punto di partenza per aggiungere un po' di sapore. Applicare un effetto riproducibile mentre si sta cercando di correggere il colore e aggiungere contemporaneamente uno stile è molto difficile; potreste dover unire diverse clip, e questa LUT per la telecamera vi mette nelle condizioni di poterlo fare.

Nella **Figura 8.61** ho aggiunto un po' di blu nelle ombre e un tocco di giallo nelle luci per scaldarle senza sbilanciare il colore generale. Usare una LUT personalizzata per la telecamera rende l'operazione possibile e semplice.

8.61

# PLUGIN PER STILI PARTICOLARI

**NON VI OFFRIREI UN BUON SERVIZIO** se non parlassi di alcuni dei plugin più diffusi usati per creare differenti effetti velocemente e con facilità. Questi sono i plugin più popolari per il colore, che fanno parte della Magic Bullet Suite di Red Giant (redgiant.com).

Questa raccolta di plugin è usata nella produzione televisiva e cinematografica, ed è probabile che li abbiate visti nei vostri programmi preferiti. Ve ne mostro un paio.

## Magic Bullet

Il primo plugin, e probabilmente il più popolare, è Magic Bullet Looks.

La **Figura 8.62** è la clip di introduzione girata a Treasure Island, San Francisco, con una GoPro 3.

Applicando Magic Bullet Looks, nel pannello Effect Controls (Controllo effetti) non si vede molto. Fate clic su Edit, e tutto accade nel plugin (**Figura 8.63**).

Sulla sinistra vedrete tutti gli effetti. Sono i predefiniti, migliaia! Quasi sempre, selezionando un predefinito tra i tanti presenti troverete esattamente ciò che stavate cercando.

Fate clic in basso a destra e vedrete apparire gli strumenti in alto a destra. Con questi potrete applicare diversi effetti ai predefiniti (**Figura 8.64**).

8.62

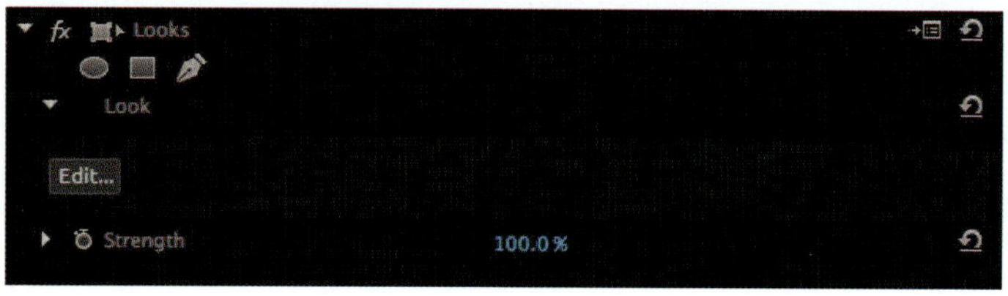


8.63

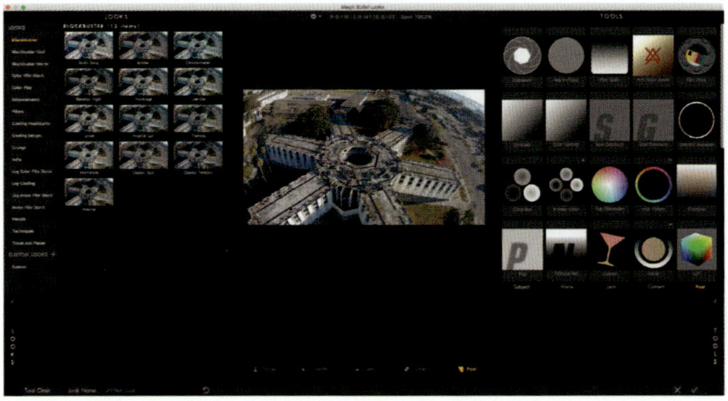

8.64

In basso vedrete degli spazi: è qui che si gestiscono gli strumenti e gli effetti. Fate clic su uno di questi e appariranno i relativi controlli per modificare qualsiasi parametro (**Figura 8.65**).

Come mostrato nella **Figura 8.66**, nei predefiniti ci sono diversi livelli di effetti: basta fare clic e correggerli.

In pochi clic abbiamo ottenuto una versione cinematografica della ripresa (**Figura 8.67**). Potete applicare i predefiniti disponibili oppure modificarli. Potete anche creare da zero i vostri effetti e salvarli come nuovi predefiniti.

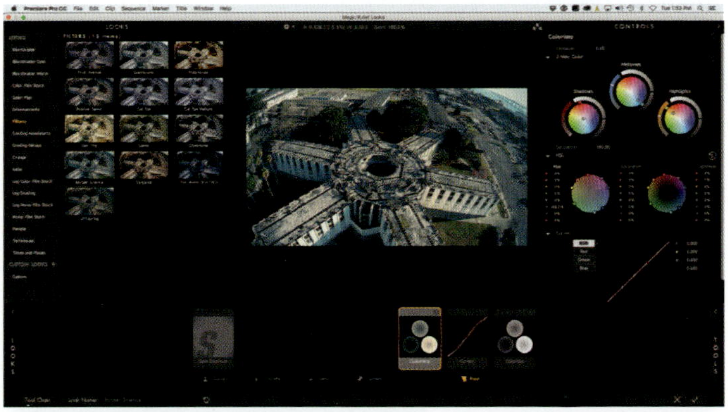

8.65

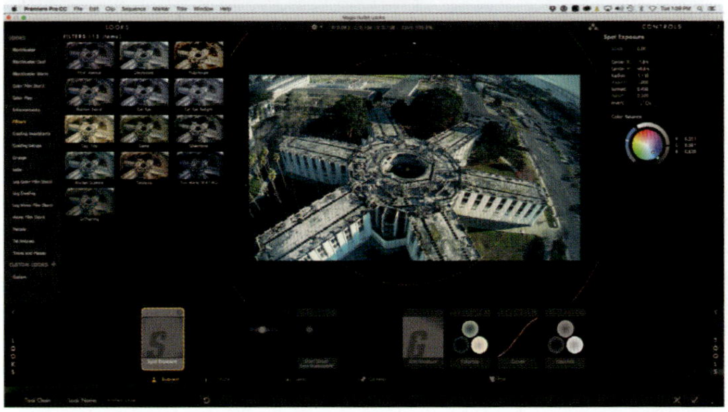

8.66

8.67

Un altro plugin davvero utile è Magic Bullet Film, che emula l'effetto di diversi tipi di pellicola e di sviluppo delle stesse (**Figure 8.68–8.70**).

8.68

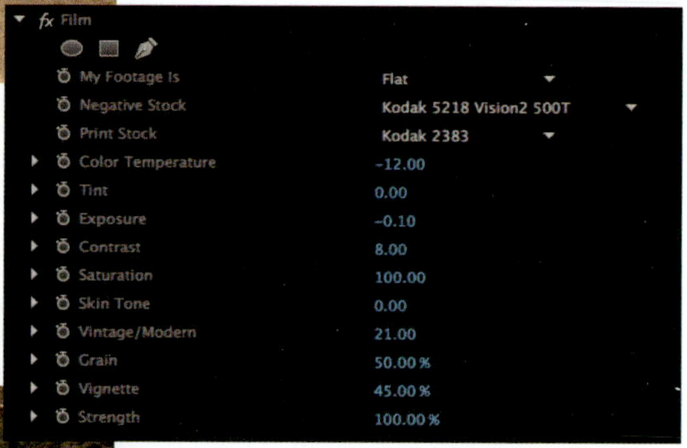


8.69

8.70

Magic Bullet Colorista III offre strumenti di gestione del colore di alto livello per far apparire al meglio le vostre riprese. Gli strumenti di Colorista III permettono anche di isolare una particolare parte del video e applicarvi una correzione. Per esempio, potete correggere solo il cielo, e il plugin applicherà la correzione lungo tutto il video (**Figura 8.71**).

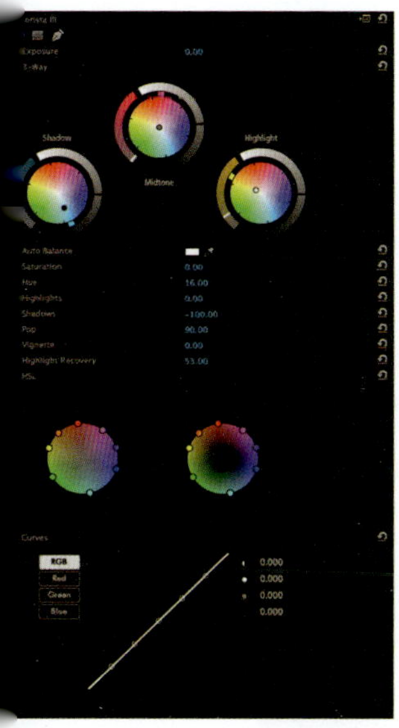

8.71

8.72

# CORREGGERE I PROBLEMI PIÙ FREQUENTI DELLE RIPRESE AEREE

**IN QUESTA SEZIONE** vedremo come correggere alcuni comuni fastidi che riducono la qualità delle nostre riprese. Non parliamo di aggiungere effetti affascinanti o spettacolari, ma delle conoscenze necessarie per creare video belli e puliti.

## Ridurre le scosse

Ci sono volte in cui, a dispetto dei nostri sforzi, nelle riprese si vedono delle scosse. I gimbal a tre assi hanno certamente eliminato dai video l'impatto degli scossoni della telecamera, ma può ancora capitare un'inattesa una raffica di vento, o magari avete effettuato qualche micro correzione lungo la traiettoria di volo che vi piacerebbe tanto ammorbidire.

Nei programmi di editing esistono diverse funzioni di stabilizzazione, ma penso che Warp Stabilizer (Stabilizzatore alterazione) di Adobe After Effects e Premiere Pro sia il migliore disponibile.

Selezionate la clip che volte stabilizzare. Se volete farlo su una sezione della clip, tagliatela con lo strumento Razor (Lametta) perché non potete includere il filtro con i punti di attacco e stacco.

Selezionate Warp Stabilizer dagli effetti (per risparmiare tempo digitate "stab" nella barra di ricerca dei filtri). Trascinate il filtro sulla clip per avviare l'analisi. Per una clip lunga ci vorrà un po' di tempo: vedrete apparire una barra blu che vi permette di sapere a che punto siete (**Figura 8.73**).

Quando Warp Stabilizer termina l'analisi della ripresa, applica la stabilizzazione (vedrete una barra arancione, **Figura 8.74**). La stabilizzazione richiede molto meno tempo dell'analisi.

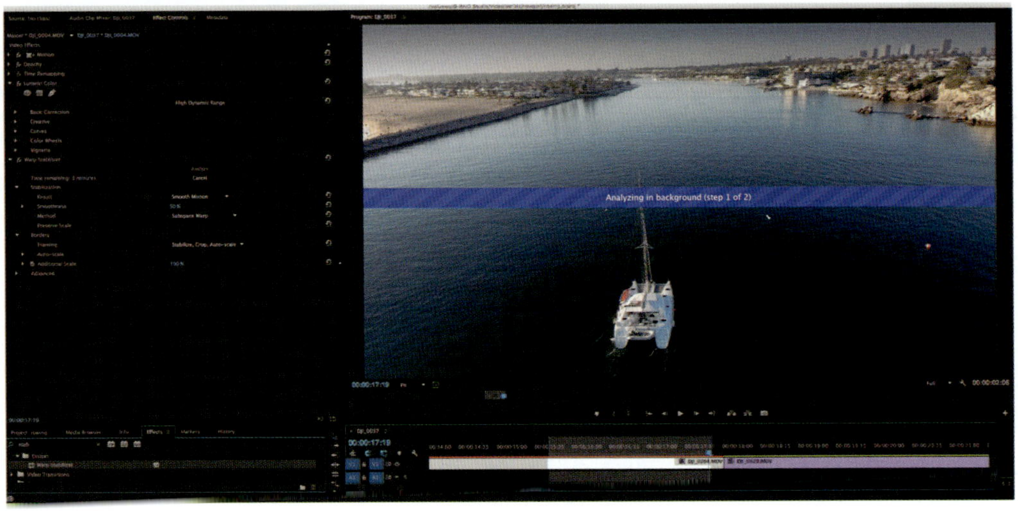


8.73

Dopo la stabilizzazione potete riprodurre il video e vedere se vi piace. In genere le impostazioni di default funzionano bene. In caso contrario è possibile modificare il lavoro di questo gioiellino.

8.74

Per comprendere facilmente le impostazioni, ecco in sintesi Warp Stabilizer: la funzione identifica l'azione principale e traccia gli oggetti nella ripresa. Per questo motivo l'analisi richiede tanto tempo. Una volta compresa la differenza tra movimento volontario e scossa generica, i punti di riferimento vengono bloccati. Per esempio, immaginate una pietra che rotola in un barattolo quando qualcuno lo scuote. Il barattolo è l'inquadratura e la pietra la vostra ripresa (si spera un po' più morbida). Immaginate che, invece della pietra, nel barattolo ci sia un chewing gum appiccicato. Warp Stabilizer fa proprio questo: trova il cuore della ripresa e lo blocca nell'inquadratura.

Ora che gli oggetti nell'inquadratura sono bloccati, dove finiscono le cose traballanti? Riducendo lo zoom vedrete che la clip è stata ingrandita in modo da poterla riposizionare costantemente nell'inquadratura spostandola e facendola ruotare per compensare le scosse. I bordi della ripresa sono esterni all'inquadratura, e poiché c'è un po' di zoom non li vedete quando si muovono.

In pratica, Warp Stabilizer procede come segue.

- Analizza e individua la ripresa traballante.
- Trasforma l'azione principale in un fulcro di rotazione bloccando la sua posizione nell'inquadratura, come se la fissasse con uno spillo.
- Trascina e ruota la ripresa intorno a questo punto fisso.
- Allarga la ripresa in modo da nascondere i bordi che ruotano e si muovono.

Usate Subspace Warp (Alterazione sottospazio, **Figura 8.75**) per ampliare il filmato invece di averlo rigido. Renderà la stabilizzazione più efficace e facile da realizzare. Anche se Subspace Warp quasi sempre funziona, a volte potrebbe generare un effetto Jello, che può essere attenuato selezionando Position, Scale, Rotation (Posizione, Scala, Rotazione).

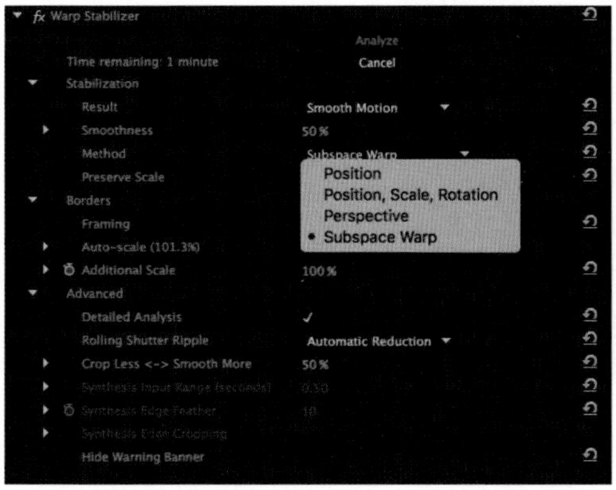


8.75

Un effetto collaterale dell'allargamento della clip è la perdita di definizione, che può far apparire le riprese morbide e sfocate. Usando Stabilize, Crop, Auto Scale sotto Framing (Stabilizza, Ritaglia, Scala automatica sotto Inquadratura), i bordi vengono nascosti. Se questo fa apparire la clip troppo morbida, potete provare in alternativa Stabilize, Synthesize Edges (Stabilizza, Sintetizza bordi) che, invece di ingrandirli, agisce sui bordi come il riempimento in base al contenuto (**Figura 8.76**).

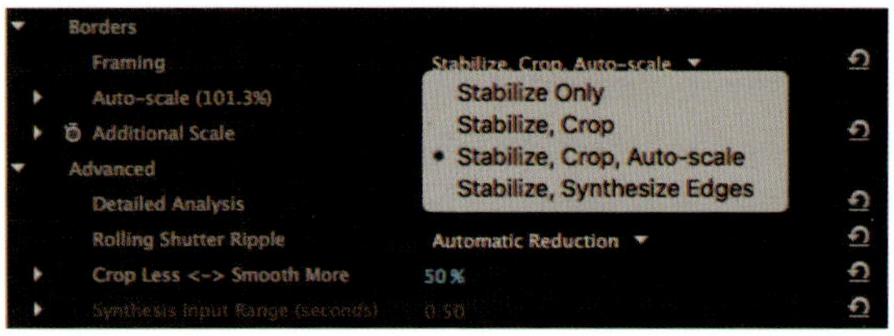


8.76

Vedrete anche l'impostazione Crop Less <-> Smooth More (Ritaglia meno <-> Uniforma di più). Questo è il punto di compromesso. Un forte ingrandimento offre a Warp Stabilizer più margini per lavorare e ottenere maggiore uniformità, ma la perdita di risoluzione genera immagini più morbide. Se volete mantenere una qualità elevata delle immagini evitate un'eccessiva riduzione; l'effetto collaterale è che Warp Stabilizer avrà meno spazio per lavorare, e l'uniformità sarà minore. Modificate queste impostazioni solo se la clip è evidentemente morbida o non avete ottenuto la stabilizzazione necessaria.

## Rimuovere la distorsione dell'obiettivo

Dato che gli obiettivi che usiamo sui velivoli di solito sono grandangolari, possono creare un effetto fisheye o barilotto. L'Inspire, il Phantom 3 e il Phantom 4 rimuovono buona parte della distorsione, quindi potrebbe non essere necessario intervenire, a meno che non sia proprio evidente. Tuttavia il Phantom 2 Vision Plus e le GoPro creano un sacco di distorsione (**Figura 8.77**).

8.77

Il problema si può risolvere velocemente in Premiere Pro, perdendo però una parte dell'immagine intorno ai bordi.

Sotto Effects (Effetti), trovate Lens Distortion Removal (Rimozione distorsione obiettivo). Dovrete scorrere manualmente, perché usando la barra di ricerca tutti i profili verranno nascosti. Vedrete i profili più comuni, tra cui la maggior parte dei prodotti DJI e GoPro. Vengono aggiunti in continuazione nuovi profili. Scegliete il profilo che meglio si adatta alla vostra telecamera (**Figura 8.78**); se non fosse nell'elenco, scegliete qualcosa di simile.

Nella **Figura 8.79** potete vedere che, applicando il profilo, la distorsione è quasi del tutto rimossa.

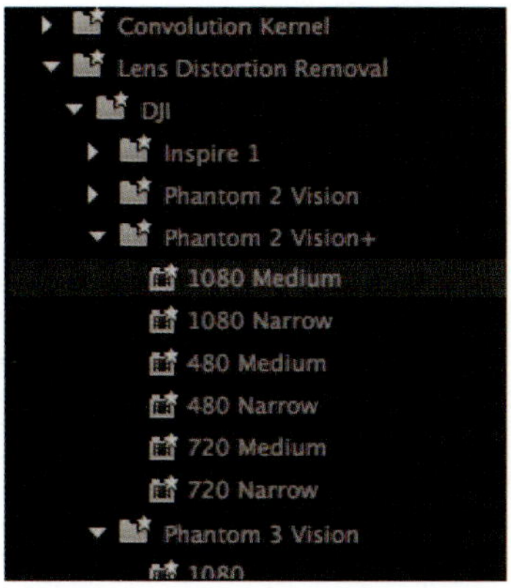


8.78

8.79

Potete personalizzare l'intensità della correzione, soprattutto se il profilo non è quello della vostra telecamera. Modificate l'impostazione Curvature (Curvatura) nel pannello Effect Controls (**Figura 8.80**).

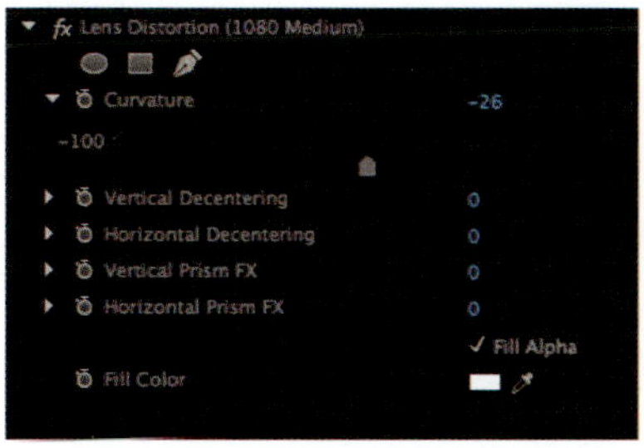


8.80

## Ridurre l'ombra delle eliche

A volte negli angoli o sui lati del video vedrete bande scure e mobili. Molte persone sono perplesse e si domandano da dove arrivino. Ecco come succede: puntando la telecamera tra i 30 e i 45 gradi verso il sole, le ombre delle eliche vengono proiettate nell'obiettivo. Succede soprattutto quando il sole è alto, a metà giornata. Non le vedrete quasi mai a inizio o fine giornata, quando il sole è più basso. Per evitare questo problema:

- volate al mattino presto o nella parte finale della giornata;
- usate un paraluce (un filtro UV o ND non vi aiuterà a ridurre questo effetto);
- girate con il sole esattamente dietro o di fronte a voi, evitando le angolazioni tra 30 e 45 gradi.

A volte non si può evitare, e per rendere utilizzabile quel metraggio bisogna ridurre l'ombra delle eliche. Ho trovato un ottimo plugin che aiuta a risolvere questo problema: si chiama Flicker Free, di Digital Anarchy (www.digitalanarchy.com). Funziona con Premiere Pro, After Effects, FCP, Resolve e Avid. Ecco come opera.

La **Figura 8.81** è una ripresa con le ombre delle eliche, evidenziate nei cerchi rossi nella **Figura 8.82**.

8.81

8.82

Nel programma di editing (io sto usando Premiere Pro), identificate la parte di riprese con le ombre delle eliche. Usando lo strumento Razor tagliate prima e dopo il difetto per isolare l'area problematica. Useremo il filtro solo dove serve. Applicate Flicker Free (**Figura 8.83**).

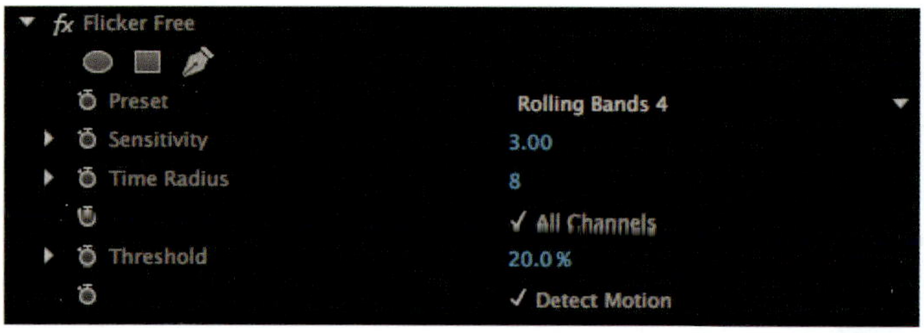


8.83

Modificate l'impostazione Preset in Rolling Bands 4. Applicate e riproducete. Nella maggior parte dei casi otterrete un buon risultato. Nella **Figura 8.84** è rimasta ancora un po' di ombra, ma non abbastanza perché il pubblico possa davvero rendersene conto.

8.84

Se il problema persiste, nidificate la sequenza facendo clic con il pulsante destro sulla clip nella timeline e selezionando Nest Sequence (Nidifica sequenza). Ora potete applicare Flicker Free alla sequenza nidificata, ma con un'impostazione più bassa (**Figura 8.85**).

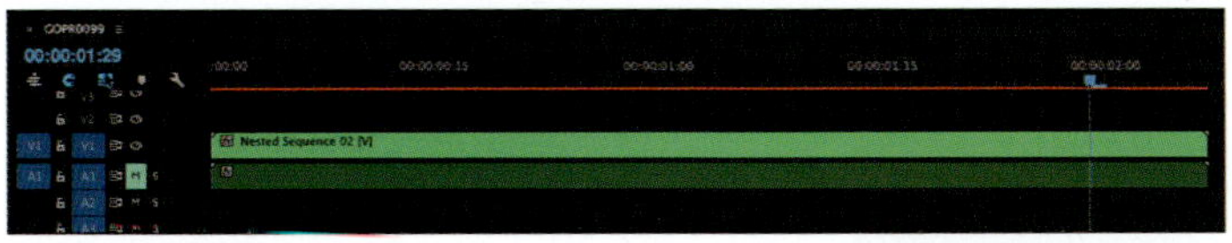

8.85

## Ridurre il disturbo

Anche se la grana della pellicola può aggiungere un tocco romantico ai vostri video, il disturbo è solo disturbo, e non ha nulla di positivo. Il disturbo è costituito da quei fastidiosi puntini sulle riprese, che possono essere colorati oppure solo granulosi (**Figura 8.86**).

8.86

Il disturbo di solito si vede nelle aree d'ombra. Se girate a ISO 100 probabilmente non avrete molti problemi. Tuttavia, incrementando l'ISO il sensore lavora più intensamente, producendo disturbo. Per visualizzare correttamente il disturbo, ingrandite il metraggio al 100%. Per evitarlo, provate a mantenere l'ISO a 100.

After Effects, Photoshop e Resolve includono specifici strumenti per la riduzione del disturbo, a differenza di Premiere Pro e Final Cut Pro che ne sono sprovvisti.

In Photoshop basta convertire il video in oggetto avanzato e usare poi la riduzione del disturbo in Camera Raw. Sì, potete fare editing video in Camera Raw di Photoshop. Date un'occhiata al Capitolo 6, dove riduciamo il disturbo in Camera Raw. Per i video il procedimento è identico.

Se volete ridurre il disturbo in Premiere Pro o After Effects, dovete procurarvi un plugin dedicato. Il più diffuso è il filtro Denoiser 2 di Red Giant.

Per usare questo filtro, ingrandite al 100% per visualizzare il disturbo.

Applicate il filtro e fate clic su Sample.

Regolate il valore di Noise Reduction fino alla sparizione del disturbo.

Potete giocare con le impostazioni di Fine Tuning se state perdendo troppo dettaglio nella ripresa (**Figura 8.87**).

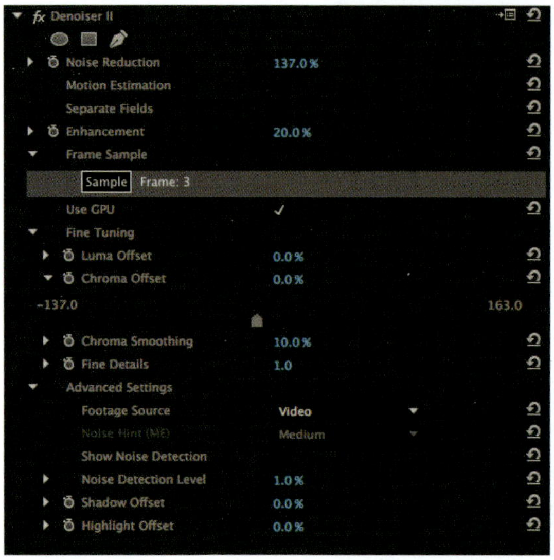


8.87

La **Figura 8.88** mostra la ripresa con applicata la riduzione del disturbo.

8.88

# CODIFICA

**LA CODIFICA È LA MODALITÀ DI FINALIZZAZIONE DEL VIDEO.** Le impostazioni che userete dipendono dalle finalità del video. Se volete salvare un video di elevata qualità da aggiungere ad altre riprese per ulteriori attività di editing e produzione, avrete bisogno di un formato non distruttivo. I più comuni sono i codec di Apple ProRes e QuickTime Animation. Questi formati mantengono integra la qualità e generano file molto grandi. Sono file ottimi per il lavoro, ma non per la presentazione al pubblico, perché per essere riprodotti fluidamente richiedono risorse abbastanza impegnative.

Il secondo tipo di formato è quello di distribuzione, che si usa quando il video è pronto per essere condiviso pubblicamente. Potreste caricarlo su YouTube, salvarlo su un DVD, caricarlo su un dispositivo mobile o sul vostro sito web. In questi casi cercherete di ottenere la massima qualità con la minima dimensione possibile, in modo che il video possa essere riprodotto fluidamente sul dispositivo dello spettatore, che potrebbe essere uno smartphone o un televisore 4K. Lo standard più diffuso per la distribuzione è H.264, un tipo di video mp4 usato praticamente ovunque. L'unico con buone possibilità di sostituirlo è H.265, che potrebbe diventare il prossimo standard, ma perché venga completamente implementato ci vorrà ancora un po' di tempo.

La codifica è davvero l'ultima operazione che farete con il vostro video. È l'equivalente video della stampa.

## Codifica con Adobe Premiere Pro

Quando effettuate la codifica con Premiere Pro, in realtà state usando Adobe Media Encoder (AME), che vi permette di codificare più di un video alla volta, e di fare molte altre cose. Non preoccupatevi: non voglio annoiarvi con i tecnicismi. Analizzeremo gli aspetti base della codifica usando i predefiniti: esiste un predefinito praticamente per qualsiasi cosa possa servirvi.

Per effettuare la codifica, selezionate File > Export > Media (File > Esporta > File multimediali) o premete Ctrl/Command+M.

Si aprirà Adobe Media Encoder. La codifica si ottiene con quattro passaggi (**Figura 8.89**).

1. Assicuratevi che la timeline non sia racchiusa tra un punto di attacco e uno di stacco.
2. Selezionate un formato di output (codec).
3. Prendete nota del nome del video e della destinazione quando lo esportate.
4. Avviate la codifica.

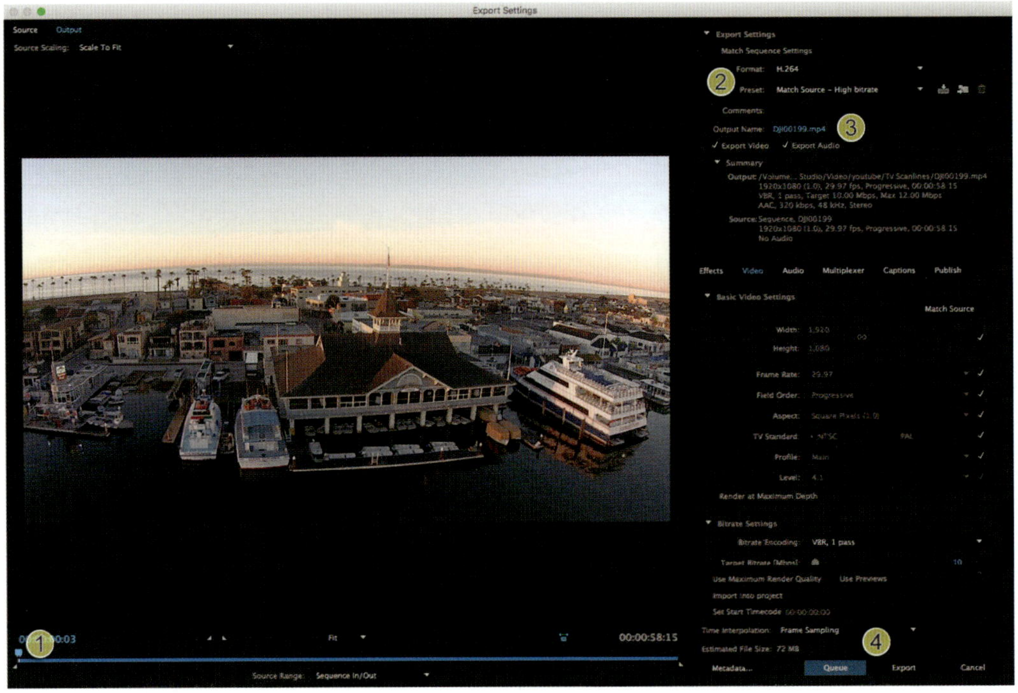


8.89

Abbiamo scelto come formato di output H.264. Ci sono migliaia di predefiniti. Scegliendo Match Source, il video verrà compresso con le stesse dimensioni e la stessa frequenza dei fotogrammi con cui è stato realizzato il montaggio nella timeline.

Fate clic sul campo Preset (Predefinito) per vedere tutte i predefiniti disponibili: ce ne sono per Apple TV, Facebook, iPhone, telefoni Android, Vimeo, YouTube e altro ancora. Trovate il predefinito che corrisponde alla destinazione che avete scelto e dovreste essere a posto (**Figura 8.90**).

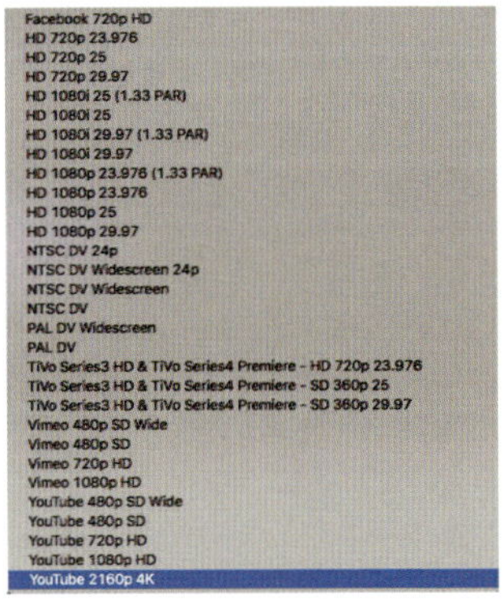


8.90

In alternativa, se volete mantenere la qualità perché su queste riprese effettuerete ulteriore editing o le aggiungerete a un altro progetto, la **Figura 8.91** mostra le impostazioni che vi servono:

1. Come Format (Formato), selezionate QuickTime.
2. Fate clic sul menu Video Codec (Codec video, fate clic sulla casella di controllo Video se non è in primo piano).

Selezionate Animation (Animazione) dall'elenco (**Figura 8.92**).

Infine, selezionate Export (Esporta)per esportare il video e avviare la codifica.

Se volete continuare a lavorare in Premiere Pro mentre sta effettuando la codifica, o volete codificare più di una clip, selezionate Queue (Coda).

Scegliendo Queue, Adobe Media Encoder si aprirà per l'elaborazione in batch. Fate clic sulla freccia verde in alto a destra per avviare la codifica.

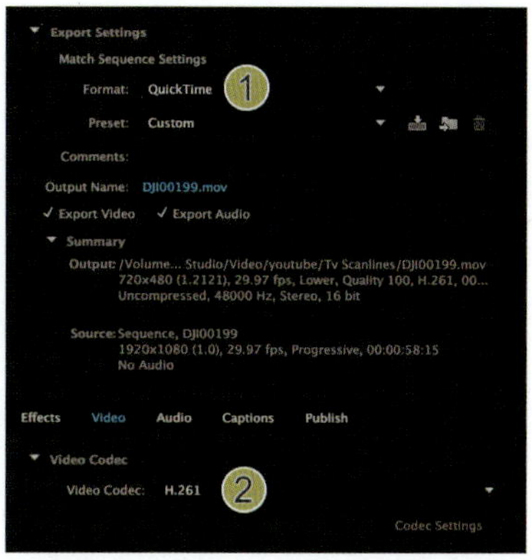


8.91

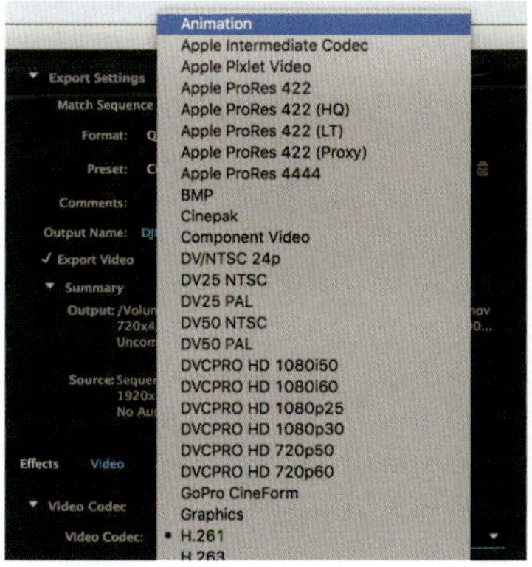


8.92

## Codifica con Photoshop

Per codificare i video con Photoshop, selezionate File > Export > Render Video (File > Esporta > Rendering video).

Anche Photoshop usa Adobe Media Encoder, ma con meno funzioni.

Nella **Figura 8.93** siamo pronti alla codifica in H.264, l'opzione predefinita. Selezionate un predefinito dall'elenco Preset (Predefinito). Non sono tutte le opzioni di Premiere Pro, ma è un elenco abbastanza nutrito.

Se desiderate una qualità più elevata per effettuare ulteriori attività di editing, cambiate il formato in QuickTime e il predefinito in Animation High Quality (Qualità alta animazione, **Figura 8.94**).

Fate clic su Render (Rendering) per avviare la codifica.

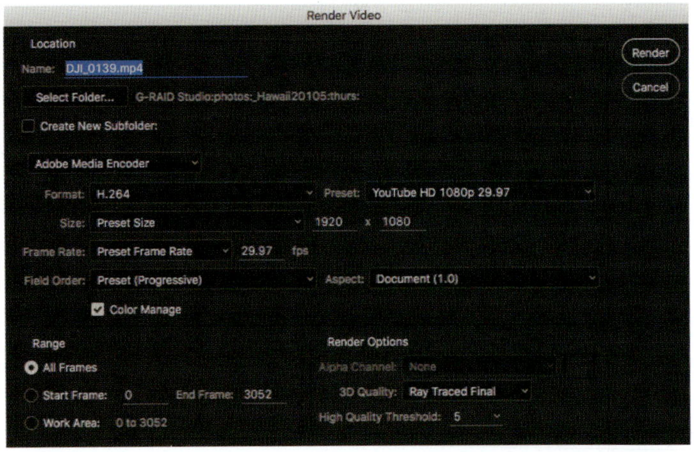


8.93

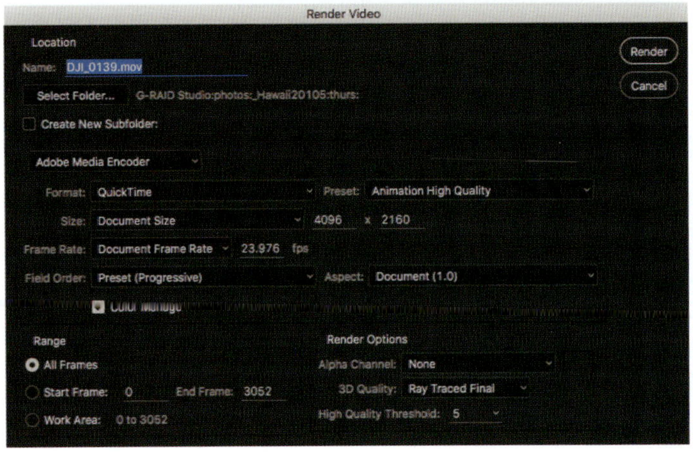


8.94

# DUE PAROLE DI COMMIATO

**MILLE GRAZIE PER AVER LETTO QUESTO LIBRO.** Spero che vi sia stato utile, che abbiate trovato le risposte alle vostre domande più rilevanti e che abbiate scoperto i metodi e i flussi di lavoro di cui avevate bisogno. Soprattutto, spero che abbiate trovato in queste pagine l'ispirazione che vi motivi a solcare i cieli in cerca di splendide foto e riprese video.

Se avete bisogno di maggiori informazioni o risorse, PhotoshopCAFE.com ne è ricco.

# INDICE ANALITICO